Jean-Luc **Penfornis**

Grammaire Progressive du Français des Affaires

avec 350 exercices

Corrigés

INTERNATIONAL
www.cle-inter.com

Édition : Christine Grall
Mise en page : Arts Graphiques Drouais (28100 Dreux)
© CLE International/Sejer – Paris, 2014
ISBN : 978-2-09-038159-7

Sommaire

1. Les présentations. Exercices p. 9

1 1. Lui, *il est* graphiste. – **2.** Lucas et toi, *vous êtes* collègues. – **3.** Elles, *elles sont* collègues. – **4.** Nous, *on est* architectes. – **5.** Nous, nous *sommes* ingénieurs. – **6.** Moi, *je suis* comédienne. – **7.** Toi, *tu es* pilote. – **8.** Eux, *ils sont* ouvriers. – **9.** Vous, *vous êtes* cuisinier. – **10.** Lucas et *moi*, on est graphistes.

2 1. Oui, c'est pour vous. – **2.** Lui, il est médecin. – **3.** Non, moi, je suis la réceptionniste.

3 1. A : Le grand brun à moustache, c'est monsieur Duk ? – B : Oui, c'est *lui*. – A : Et la femme à côté de *lui*, c'est sa femme ? – B : Oui, c'est *elle*. – **2.** A : Qui vient avec moi ? – B : *Moi*, je viens avec toi. – A : Et *vous*, *vous* ne venez pas ? – B : Non, *nous*, on reste ici.

4 1. Où est-ce que Manon et Clara travaillent ? – *Elles, elles travaillent chez Dior.* – **2.** Où est-ce que Lucas travaille ? – *Lui, il travaille chez lui.*

1. Les présentations. Exercices p. 11

1 1. Qui est-ce ? – **2.** Qu'est-ce que c'est ? – **3.** Qu'est-ce que c'est ? – **4.** Qu'est-ce que c'est ? – **5.** Qui est-ce ? – **6.** Qu'est-ce que c'est ? – **7.** Qui est-ce ?

2 1. *C'est* notre principal fournisseur. – **2.** *C'est* notre meilleur client. – **3.** *Ce sont* des heures supplémentaires. – **4.** *Ce sont* les piquets de grève. – **5.** *C'est* l'entreprise de mon père. – **6.** *Ce sont* des stocks de riz.

3 1. *C'est* Jean-Luc. – **2.** *C'est* le chef de Catherine. – **3.** *Il est* vendeur, comme Catherine. – **4.** *C'est* un bon manager. – **5.** *Il est* très professionnel. – **6.** *C'est* un excellent vendeur.

4 1. La contrefaçon, c'est *illégal*. – **2.** La grippe, c'est *contagieux*. – **3.** Les vacances, c'est *reposant*. – **4.** La bourse, c'est *risqué*. – **5.** La mode, c'est *éphémère*. – **6.** Les exercices de grammaire, c'est *utile*.

5 *Transcription :*
1. *Au cours d'une réunion* – A : *Qui est-ce ?* – B : *C'est* Julien Lopez. – A : Julien Lopez ? – B : *C'est* le nouveau directeur. – A : Ah ! *C'est* lui ! Il *est* jeune.

2. *Au restaurant* – A : Les kiflis, *qu'est-ce que c'est* ? – B : *Ce sont* des petits pains. – A : *C'est* italien ? – B : Non, *ce n'est pas* italien, *c'est* hongrois, *c'est* très bon.

2. Les questions. Exercices p. 13

1 Transcription :
1. Il va à la réunion. – **2.** La réunion a commencé. – **3.** Allô ! C'est Camille. – **4.** Il est bon, ce café. – **5.** On est le 12 aujourd'hui ? – **6.** Jeudi, à 14 heures, c'est possible.

2 **1.** Est-ce vrai ? *C'est vrai ? Est-ce que c'est vrai ?* – **2.** Veux-tu du café ? *Tu veux du café ? Est-ce que tu veux du café ?* – **3.** Travaille-t-elle ici ? *Elle travaille ici ? Est-ce qu'elle travaille ici ?* – **4.** Y a-t-il de la place ? *Il y a de la place ? Est-ce qu'il y a de la place ?* – **5.** Venez-vous demain ? *Vous venez demain ? Est-ce que vous venez demain ?*

3 Transcription :
1. Vous n'êtes pas monsieur Garcia ? *Si, c'est moi.* – **2.** Le patron est là ? *Pas encore.* – **3.** Je peux vous aider ? *Non merci.* – **4.** Elle ne travaille plus avec vous ? *Hélas si.* – **5.** Je suis libre demain matin, et vous ? *Moi aussi.* – **6.** Vous connaissez monsieur Garcia ? *Pas encore.*

4 Propositions :
1. *Vous n'êtes pas madame Loiseau ?* Si, c'est moi. – **2.** *Ça va ?* Oui, très bien, merci. – **3.** *Vous connaissez le nouveau directeur ?* Non, pas encore. – **4.** *Vous êtes inquiet ?* Non, plus maintenant ? – **5.** *Tu ne vas pas à la réunion ?* Bien sûr que si. – **6.** *Tu aimes ton travail ?* Oui et non, ça dépend des jours.

2. Les questions. Exercices p. 15

1 **1.** Combien gagnez-vous maintenant ? *Vous gagnez combien maintenant ?*
2. Comment voyez-vous le poste ? *Vous voyez comment le poste ?*
3. Où avez-vous travaillé avant ? *Vous avez travaillé où avant ?*
4. Combien de langues parlez-vous ? *Vous parlez combien de langues ?*
5. Quand pouvez-vous commencer ? *Vous pouvez commencer quand ?*

2 **1.** Où passez-vous vos vacances ? *Où est-ce que vous passez vos vacances ?* – **2.** Pourquoi voulez-vous travailler chez nous ? *Pourquoi est-ce que vous voulez travailler chez nous ?* – **3.** Comment gérez-vous votre stress ? *Comment est-ce que vous gérez votre stress ?* – **4.** Pourquoi devrions-nous vous embaucher ? *Pourquoi est-ce que nous devrions vous embaucher ?* – **5.** Combien souhaitez-vous gagner ? *Combien est-ce que vous souhaitez gagner ?*

3 **1.** *Combien* espérez-vous gagner dans cinq ans ? – **2.** *Pourquoi* changez-vous d'employeur tous les deux ans ? – **3.** *Où* se trouve votre bureau actuel ? – **4.** *Combien* d'entreprises avez-vous contactées ? – **5.** *Comment* imaginez-vous votre travail chez nous ?

4 **1.** Où est-ce que le poste est situé ? – **2.** Combien de temps est-ce que la formation dure ? – **3.** Pourquoi est-ce que le poste est libre ? – **4.** Comment est-ce que la hiérarchie est organisée ? – **5.** Dans combien de temps est-ce que vous me donnerez une réponse ?

2. Les questions. Exercices p. 17

1 **1.** 1e – 2a – 3d – 4c – 5b

2 *Propositions :*
1. Un magasin de chaussures : ***Qu'est-ce que vous faites comme pointure ?*** – **2.** Un magasin de vêtements : ***Qu'est-ce qu'on met comme veste avec cette robe ?*** – **3.** Une pâtisserie : ***Qu'est-ce que vous proposez comme gâteau de mariage ?***

3 **1.** Qu'est-ce que vous cherchez ? – **2.** De quoi est-ce que vous avez besoin ? – **3.** Qu'est-ce que vous utilisez d'habitude ? – **4.** À quoi est-ce que vous voulez réfléchir ? – **5.** Qu'est-ce qu'il dit ? – **6.** À qui est-ce que vous téléphonez ? – **7.** Qu'est-ce qu'il fait comme métier ? – **8.** À qui est-ce que vous parlez ?

4 *Transcription :*
V : ***Que*** pensez-vous de ce modèle ? – C : J'hésite, c'est difficile. – V : ***Qu'est-ce que*** vous voulez dire ? – C : Je ne sais pas, j'ai un peu peur. – V : ***De quoi*** avez-vous peur ? – C : J'ai peur de me tromper. ***Qu'***en pensez-vous ? – V : Il vous va très bien. – C : C'est fait ***en quoi*** ? – V : En coton, c'est un très beau coton. – C : C'est cher. – V : Cher ***par rapport à quoi*** ? – C : Par rapport à mon budget. Je vais demander conseil. – V : ***À qui*** voulez-vous demander conseil ? – C : À ma femme.

2. Les questions. Exercices p. 19

1 **1.** Quelle est la date de création ? – **2.** Quelle est son activité ? – **3.** Dans quel pays êtes-vous présent ? – **4.** Quel est l'effectif actuel ? – **5.** Quel bénéfice ? Quelle évolution ? – **6.** Quelle est la durée du temps de travail ? – **7.** Quelle est sa forme juridique ? – **8.** Quels sont vos réseaux de distribution ? – **9.** Quelle est l'évolution du chiffre d'affaires ? – **10.** Quels sont les horaires ?

2 **1.** Dans quelle région est-ce que vous êtes installé ? – **2.** Quel type de machine est-ce que vous utilisez ? – **3.** En quelle langue est-ce que vous communiquez ? – **4.** Laquelle est-ce que vous préférez ? – **5.** Quelle clientèle est-ce que vous visez ?

3. 1. Quel est le montant de votre bénéfice ? – **2.** Quelle est votre part de marché en France ? – **3.** Quels sont vos concurrents ? – **4.** Quel est l'âge moyen des salariés ? – **5.** Quels sont les métiers représentés ? – **6.** Quelle est la proportion de femmes ?

3. Le nom et l'adjectif. Exercices p. 21

1. *le* Brésil, *la* puissance, *la* place, *la* Chine, *le* Japon, *la* France, *le* Royaume-Uni, *le* dynamise, *le* pays, *la* croissance, *la* demande.

2. *Propositions :*
Les noms en *-isme* sont toujours ou presque toujours **masculins** : *le* **tourisme**. – Les noms en **-tion féminins** : *la* **relation**. – Les noms **en -té féminins :** *la* **santé**. – Les noms **en -age masculins** : *le* **courage**. – Les noms **en -ance féminins** : *la* **relance**.

3. 1. syndicat – **2.** système – **3.** mobilité – **4.** voyage – **5.** dépendance – **6.** Lituanie – **7.** Maroc – **8.** Russie – **9.** Mexique – **10.** Cambodge.

4. *La* gestion de *la* crise par *le* gouvernement est contestée. – *Le* groupe de luxe Hermès ne connaît pas *la* crise. – *Le* syndicat CGT appelle à *la* grève. – Comment vaincre *le* chômage et *la* pauvreté. – Luc Lamy : *le* problème de *la* France, c'est *la* compétitivité. – *La* publicité à *la* télévision fait moins recette. – *La* priorité de *la* société JKG est d'améliorer *la* rentabilité. – Il est temps de changer *le* système bancaire.

3. Le nom et l'adjectif. Exercices p. 23

1. 1. Caroline travaille vite et bien, elle est très **productive**. – **2.** Sandra raconte toujours les mêmes histoires, elle est un peu **ennuyeuse**. – **3.** Fanny est toujours contente, toujours de bonne humeur, toujours **souriante** – **4.** Laure n'a pas toute sa tête, elle est un peu **folle**. – **5.** Léa travaille ici depuis 25 ans, c'est la plus **ancienne**. – **6.** Audrey a des yeux noirs et un regard de braise, c'est la plus **belle**. – **7.** Sandrine est toujours prête à rendre service, elle est vraiment très **serviable**. – **8.** Virginie n'est pas sincère, on ne sait pas ce qu'elle pense, elle est **fausse**. – **9.** Marie ? On ne la connaît pas encore, elle est **nouvelle**.

2. boulanger : H – coiffeuse : F – photographe : ? – actrice : F – dessinateur : H – standardiste : ? – bibliothécaire : ? – comédien : H – juge : ? – ouvrier : H – analyste : ? – institutrice : ?

3. *Transcription :*
1. une infirmière libérale – **2.** une directrice artistique – **3.** une dessinatrice géniale – **4.** une stagiaire naïve – **5.** une informaticienne indienne – **6.** une

vendeuse très professionnelle – **7.** une vieille caissière – **8.** une commerçante malhonnête – **9.** une collaboratrice débrouillarde – **10.** une conseillère discrète – **11.** une coiffeuse attentive – **12.** une bonne cuisinière.

3. Le nom et l'adjectif. Exercices p. 25

1 En France les *congés* sont payés. D'après Éric Delapointe, les retraités sont *jeunes*, les *chômeurs* sont éternels, les *fonctionnaires* sont tranquilles. Pourtant les *travailleurs* français seraient *productifs* et heureux.

2 **1.** Ils ne font pas beaucoup d'efforts pour travailler, ils sont un peu *paresseux*. – **2.** Ils parlent souvent pour ne rien dire, ils sont *bavards*. – **3.** Ils se croient supérieurs à tout le monde, ils sont vraiment *prétentieux*. – **4.** Ils ne peuvent pas rester deux minutes tranquilles, ils sont constamment *agités*. – **5.** Ils ne veulent rien faire comme tout le monde, ils veulent paraître *originaux*. – **6.** Ils arrivent tard au travail, ils ne sont pas *matinaux*.

3 **1.** Les Français sont paresseux, mais madame Dupont, elle, n'est pas *paresseuse*. – **2.** Ils sont élégants, mais ma collègue Emma, elle, n'est pas *élégante*. – **3.** Ils sont agressifs, mais Zoé et Clara ne sont pas *agressives*. – **4.** Ils ne sont pas ponctuels, mais Maxime et Agathe sont très *ponctuels*. – **5.** Ils sont débrouillards, mais la stagiaire, elle, n'est pas *débrouillarde*. – **6.** Ils sont arrogants, mais notre directrice, elle, n'est pas *arrogante*.

4 **1.** des experts financiers – **2.** des locaux commerciaux – **3.** des accidents banals – **4.** des jeux dangereux – **5.** des prix bas – **6.** des vols internationaux – **7.** Mesdames, Messieurs – **8.** des clients potentiels – **9.** des envoyés spéciaux – **10.** des chapeaux anglais.

3. Le nom et l'adjectif. Exercices p. 27

1 **1.** une année florissante – une nouvelle année – les grands groupes – des résultats exceptionnels – l'année dernière – une demande croissante – des pays émergents – des millionnaires chinois.

3 **1.** Hausse *spectaculaire* de logements *neufs* – **2.** Les crédits *immobiliers* en *faible* hausse – **3.** Madrid dévoile une *nouvelle* réforme du système *bancaire* – **4.** Arrêtons de critiquer nos *grands* groupes *industriels* – **5.** La Chine, *premier* partenaire *commercial* de l'Allemagne – **6.** Secret *bancaire* : la *petite* déprime des banquiers *suisses* – **7.** *Nouvelle* régulation *financière* : un défi *global* – **8.** La Société Générale à un *nouveau* siège *social*.

4 *Propositions :*

1. Résultats *décevants* des soldes d'hiver – **2.** Fin de la grève dans le transport *aérien* – **3.** *Forte* baisse des ventes de voitures – **4.** Les *petites* entreprises paient trop d'impôts – **5.** Un prince *saoudien* achète un hôtel à Paris – **6.** Les *nouvelles* tendances du luxe – **7.** Les *grands* patrons souffrent aussi – **8.** La France enregistre un déficit *important* avec la Chine – **9.** Les marques *allemandes* séduisent les investisseurs – **10.** Airbus : *gros* contrat en vue avec une entreprise *indienne*

BILAN n° 1. Exercices p. 28

1 **1.** Nous avons *un* directeur autoritaire. – **2.** Il y a *une* bonne ambiance au bureau. – **3.** Vous préférez travailler dans *une* petite entreprise ou dans *un* grand groupe ? – **4.** L'achat d'*un* bien immobilier peut être *un* investissement lucratif. – **5.** Ils ont réalisé *un* résultat exceptionnel, mais ils ont *une* dette élevée. – **6.** C'est *un* excellent restaurant, avec *un* bon choix à la carte et *un* accueil chaleureux. – **7.** *Une* chute brutale du dollar est toujours possible. – **8.** Il a *une* épargne importante, mais il a quand même fait *un* gros emprunt. – **9.** Je partage *un* petit bureau avec *une* collègue bavarde et *un* collègue muet. – **10.** Nous vous envoyons rapidement *un* devis détaillé. – **11.** Cette année la BCE (Banque centrale européenne) prévoit *une* croissance nulle. – **12.** Nous lançons *un* nouveau produit à la rentrée. – **13.** Le président a fait *un* discours long et motivant. – **14.** Après *une* négociation laborieuse, nous sommes parvenus à *un* accord parfait.

2 1d – 2c – 3b – 4f – 5g – 6a – 7e

3 **1.** *Qu'est-ce que* vous faites ? – **2.** *Qu'est-ce que* vous faites comme travail ? – **3.** *Est-ce que* votre amie travaille ? – **4.** *Est-ce que* vous voulez une boisson ? – **5.** *Qu'est-ce que* vous voulez ? – **6.** *Est-ce que* vous allez au travail en voiture ? – **7.** *Qu'est-ce que* vous avez comme voiture ? – **8.** *Est-ce que* c'est une bonne voiture ?

BILAN n° 1. Exercices p. 29

4 *Transcription :*

1. A : Il n'est pas canadien, monsieur Tremblais ? – B : *Si*, bien sûr. Il est québécois, et les Québécois sont *canadiens*. – A : Et madame Johnson, son associée, elle est aussi *canadienne* ? – B : Oui, mais elle n'est pas *québécoise*, elle vient de Toronto. – A : Je connais bien Toronto, *c'est* une belle ville.

2. A : *Qui* est-ce ? – B : C'est la nouvelle directrice. – A : Ah, c'est *elle* ! Elle est jeune. – B : Et les deux hommes avec *elle*, *qui est-ce* ? – A : *Eux*, ce sont des clients.

3. A : Allô ! C'est *toi*, Julie ? – B : Oui, c'est *moi*. Qui est à l'appareil ? – A : *C'est* Paul, ton ancien collègue, tu te souviens de *moi* ?

4. A : Dites-moi, qui *est* le responsable ici, c'est vous ? – B : Non, *ce* n'est pas *moi*. Le responsable, c'est *lui*, là-bas.

5. A : Vous travaillez dans *quel* domaine ? – B : Je suis dans la grande distribution, et *vous* ? – A : Nous deux, on *est* dans la mode.

6. A : *Qu'est-ce* que c'est ? – B : C'est une machine pour ouvrir le courrier. – A : Comment *est-ce que* ça marche ?

7. A : Je vous connais, *vous* ! Vous n'êtes pas Yanis Sorel ? – B : *Si*, c'est moi. – A : Je suis Camille Meier. – B : Camille Meier ! Ah, c'est *vous* ! Enchanté. – A : Enchantée, *moi* de même.

8. A : *On* déjeune ensemble ce midi ? – B : Avec plaisir. Est-ce que Sofia peut venir avec *nous* ? – A : Oui, bien sûr, *elle* est toujours la bienvenue.

9. A : Amandine, elle est grande et blonde, n'est-ce pas ? – B : Pas du tout, elle est *petite* et *brune*, elle ressemble à son chef. – A : *Lui* aussi, il est *petit* et *brun* ? – B : Oui, et il est très maigre, comme Amandine. – A : Elle aussi, elle est très *maigre* ?

BILAN n° 1. Exercices p. 30

(5) 1f – 2h – 3d – 4i – 5b – 6g – 7a – 8c – 9e

(6) **1.** *De quelle* nationalité est Florence Walter ? *Elle est canadienne.* – **2.** *Où* est-ce qu'elle habite ? *Elle habite sur la côte est du Canada.* – **3.** *Quelle* est sa profession ? *Elle est guide touristique.* – **4.** *Dans quelle* ville est-ce qu'elle travaille ? *Elle travaille à Montréal.* – **5.** *Est-elle* salariée ou travailleuse autonome ? *Elle est travailleuse autonome.* – **6.** *Qui* sont ces clients ? *Ce sont des agences de tourisme.* – **7.** *Qu'est-ce qu'*elle fait découvrir aux touristes ? *Elle leur fait découvrir la ville.* – **8.** *Quelle* est la première qualité d'un guide ? *C'est d'être attentif aux demandes des clients.* – **9.** *Combien* gagne-t-elle pour un tour classique ? *Pour un tour de trois heures, elle gagne environ 150 dollars.* – **10.** *Quel* est le problème du métier de guide ? *C'est un emploi saisonnier.* – **11.** *Quel* mois de l'année travaille-t-elle surtout ? *Elle travaille surtout en juillet et en août.* – **12.** *Pourquoi* quitte-t-elle Montréal en novembre ? *Parce que l'hiver est une période creuse pour le tourisme.*

BILAN n° 1. Exercices p. 31

7 **1.** *Qu'est-ce que* Florence Walter fait en hiver ? *Elle est monitrice de ski.* – **2.** *Comment* s'appelle la station de ski ? *Bromont.* – **3.** *À qui* donne-t-elle des cours de ski ? *À des skieurs débutants ou confirmés.* – **4.** *Que* fait-elle en plus des cours de ski ? *Elle encadre des groupes pour des randonnées en raquettes.*

8 *Propositions :*
2. *Comment s'appelle le parc ?* C'est le parc du Mont-Royal. – **3.** *Quelle est sa superficie ?* Sa superficie ? 190 hectares. – **4.** *Combien y a-t-il de parcs à Montréal ?* Il y a 17 grands parcs. – **5.** *Qui est-ce ?* C'est Jeanne Mance, la fondatrice de l'hôpital de l'Hôtel-Dieu. – **6.** *Vous parlez combien de langues ?* Je parle quatre langues. – **7.** *Quelles langues est-ce que vous parlez ?* L'allemand, l'anglais, le turc et bien sûr le français. – **8.** *Vous ne connaissez pas Paris ?* Si, bien sûr.

4. Les articles. Exercices p. 33

1 • **1.** Il parle *du point 2 de l'ordre du jour.* – **2.** Il parle *des résultats du semestre.* – **3.** Il parle *de l'organisation du travail.* – **4.** Il parle *du salon de la mode.*
• **5.** Jonathan pense *à la prochaine responsable de communication.* – **6.** Fanny pense *aux prochaines vacances.* – **7.** Jean-Paul pense *au match de football.* – **8.** Amélie pense *aux lunettes de monsieur Fisher.*

2 *Transcription :*
1. *L'*année se termine par *une* hausse de 10 % des ventes. – **2.** Excusez-moi, je cherche *le* bureau de monsieur Fisher. – **3.** Tu peux me rendre *un* service ? – **4.** Ils proposent *des* prix très intéressants. – **5.** Elle n'aime pas *les* chiffres et pourtant elle travaille dans *la* finance. – **6.** Fais attention à *la* durée de *la* période d'essai et *aux* horaires de travail ! – **7.** Voulez-vous laisser *un* message ? – **8.** Bonjour, je voudrais faire *une* réclamation. – **9.** Tu connais *le* nom *du* directeur de *la* Banque du Nord ? – **10.** À quelle heure commence *la* réunion ?

4. Les articles. Exercices p. 35

1 *Transcription :*
« Pour réussir dans les affaires, il faut *de l'*argent, *un* bon produit, *un* business plan, *du* temps, de l'énergie, *de la* volonté. »

2 *Propositions :*
1. J'ai un smartphone, mais je n'ai pas d'ordinateur. – **2.** J'ai un vélo, mais je n'ai pas de voiture. – **3.** J'ai des pantalons, mais je n'ai pas de jupe. – **4.** J'ai un frère, mais je n'ai pas de sœur. – **5.** J'ai une maison, mais je n'ai pas de garage.

3 **1.** Il n'a pas le temps de vous recevoir. – **2.** Il n'a pas la chance d'avoir un grand bureau. – **3.** Tu ne connais pas la nouvelle ? – **4.** Elle n'a pas de chance. – **5.** Je ne fais pas de pause déjeuner. – **6.** Il n'y a pas de danger. – **7.** Je n'ai pas d'assistante. – **8.** Je ne vois pas le directeur tous les jours. – **9.** Vous ne vendez pas de savons ?

4 **1.** Le marché de l'emploi est difficile : il y a *peu de* travail, surtout pour les jeunes. – **2.** Je n'arrive pas à me concentrer, il y a *trop de* bruit dans le bureau. – **3.** La salle de réunion est petite, il n'y a pas *assez de* place pour dix personnes. – **4.** Voulez-vous encore *un peu de* café ?

5 *Propositions :*
1. Au petit déjeuner, elle boit une tasse *de thé* et un verre *de jus d'orange.* – **2.** En France on boit *du café*, on ne boit pas beaucoup *de thé*. – **3.** En chine on mange *du riz*, on ne mange *pas de pain*. – **4.** J'ai apporté une boîte *de chocolat* et une bouteille *de vin*. – **5.** Elle a beaucoup *de diplômes*, mais elle ne trouve pas *de travail*.

5. Les possessifs. Exercices p. 37

2 **1.** Je n'ai pas vu Richard depuis longtemps. Vous avez de *ses* nouvelles ? – **2.** Richard ? J'ai vu *son* assistante hier. – **3.** Il devait voyager avec Paul. Mais il a oublié *son* passeport et il n'a pas pu partir. – **4.** Ils sont arrivés très en retard et *leur* avion était déjà parti. – **5.** Richard et Paul sont un peu distraits, tous *leurs* collègues vous le diront.

3 *Transcription :*
« *Mon* nom ? Dupin. *Mon* prénom ? Richard. *Ma* nationalité ? Française. *Mon* adresse ? 6 rue Blanche, à Bordeaux. *Mon* lieu de travail ? Je travaille à Mérignac, à côté de Bordeaux. *Ma* profession ? Chef des ventes dans une entreprise de la région. *Mon* entreprise ? La société Avix. *Son* activité ? Elle réalise des aménagements hydrauliques. *Son* marché ? Régional. *Ses* forces ? *Sa* notoriété dans la région et *ses* produits de haute qualité. *Son* chiffre d'affaires ? Environ un million d'euros. *Nos* clients ? Nous vendons à des professionnels du bâtiment. *Nos* concurrents ? Ils sont nationaux. La force de *nos* concurrents ? C'est *leur* taille, car ils sont bien plus gros que nous. *Leur* faiblesse ? C'est *leur* manque de notoriété, car ils sont peu connus dans la région. »

5. Les possessifs. Exercices p. 39

1. 1. C'est le parapluie de Catherine, tu es sûr ? – Oui, c'est *le sien.* – **2.** Et cette écharpe bleue, c'est aussi à Catherine ? – Non, *la sienne* est rouge. – **3.** Vous travaillez tous les deux dans ce bureau ? – Oui, ce petit bureau, c'est *le nôtre*. – **4.** Et à côté, c'est le bureau de Catherine et de Jérémy ? – Oui, c'est ça, c'est *le leur*. – **5.** Ce n'est pas à vous, monsieur, ces gants ? – Ah si, merci, ce sont *les miens*. – **6.** Tiens, Catherine, voilà ton stylo. – Ce n'est pas *le mien*. – **7.** Pourquoi est-ce qu'ils prennent ta voiture ? – Parce que *la leur* est en panne. – **8.** Excusez-moi, madame, je crois que c'est mon journal. – Vous êtes sûr que c'est *le vôtre* ?

2. *Propositions :*
1. Prenez *vos responsabilités* et nous prendrons les nôtres. – **2.** *Mon patron* est très compréhensif, le mien est un vrai tyran. – **3.** Débrouillez-vous, ce n'est pas *mon affaire*, c'est la vôtre. – **4.** Désolé, ce n'est pas *ta tasse*, c'est la mienne. – **5.** Je lui ai prêté *ma voiture,* mais elle ne veut pas me prêter la sienne. – **6.** Ils ont quitté *leur entreprise* et ils ont créé la leur. – **7.** *Ton travail* est peut-être stressant, mais pas aussi stressant que le mien.

3. *Propositions :*
1. A : J'ai des problèmes avec mon patron – B : *Et moi, avec le mien.* – **2.** A : Excusez-moi, c'est votre place ? – B : *Oui, c'est la mienne.* **3.** A : Qu'est-ce qu'ils ont oublié ? – B : *Leur argent.* – **4.** A : Tu as perdu quelque chose ? B : *Oui, mes lunettes.* – **5.** A : À quoi tu penses ? B : *À leur proposition.* – **6.** A : Ce ne sont pas les affaires de Luc ? B : *Si, ce sont les siennes.* – **7.** A : Qui est-ce ? B : *C'est mon meilleur collègue.* – **8.** A : Qu'est-ce que c'est ? B : *C'est leur bureau.* – **9.** A : Pourquoi prend-il sa voiture ? B : *Parce que la sienne est en panne.* – **10.** A : Elle a beaucoup d'idées. B : *Mais ce ne sont pas les siennes.* **11.** A : C'est à toi, cette veste ? B : *Oui, c'est la mienne.* – **12.** A : Notre train arrive à 10 heures. B : *Le nôtre arrive à midi.* – **13.** A : Leur patron est en Asie. B : *Le mien aussi.* – **14.** A : Dites quelque chose. B : Petit à petit l'oiseau fait son nid.

6. Les démonstratifs. Exercices p. 41

1. 1. *Ce* poste n'est pas pour moi. – **2.** *Ce* travail est mal payé. – **3.** *Ces* prix sont exagérés. – **4.** *Cette* affaire est mal partie. – **5.** *Cette* publicité est mensongère. – **6.** *Cet* article est périmé. – **7.** *Cette* formation est inutile. – **8.** *Ce* débiteur est insolvable. – **9.** *Ces* délais sont trop longs. – **10.** *Cette* grève est illégale. – **11.** *Cet* échantillon est payant. – **12.** *Ces* conditions sont inacceptables. – **13.** *Cet* impôt est injuste. – **14.** Cette marque est inconnue. – **15.** Cette idée est mauvaise. – **16.** Cette lettre n'est pas claire. – **17.** Cet exposé est incohérent. – **18.** Ce salaire est indécent.

2 1c – 2a – 3 e – 4b – 5f – 6d

3 **1.** Comment *ça* s'écrit ? – **2.** C'est exactement *ça*. – **3.** Je n'ai jamais dit *ça*. – **4.** *Ce* sont des collègues à moi. – **5.** Qu'est-*ce* que *ça* veut dire ? – **6.** Tout *ça* n'a pas d'importance. – **7.** *Ça* ne fait rien. – **8.** À qui est-*ce*, ce téléphone ?

4 **1.** A : J'en ai marre de *ce* travail. B : Patience, *c*'est presque fini. – **2.** A : *Ça* se passe bien avec Michel ? B : *Ça* dépend des jours. – **3.** A : Vous trouvez *ça* clair, vous ? B : Pour moi, *c*'est très clair. – **4.** A : Tu sais à qui sont *ces* clés ? B : Lesquelles ? *Celles*-ci ? A : Non, *celles* d'à côté. B : *Ce* sont *celles* de Julien. – 5 : A : *Ce* candidat est intéressant. B : Pour moi, *celui*-là est meilleur.

BILAN n° 2. Exercices p. 42

1 **1.** Pauline travaille dans *une* compagnie d'assurances à Paris. – **2.** Cette année *les* ventes de voitures sont en hausse. – **3.** J'ai *un* collègue, Adrien, qui a démissionné hier. – **4.** Il travaille dans *le* marketing, il connaît bien *le* marché. – **5.** Elle est médecin, elle a étudié *la* médecine au Canada. – **6.** Madame Leroy, il y a *un* visiteur pour vous à l'accueil. – **7.** Tu as l'adresse de *la* société KM3 ? – **8.** Voici votre clé, monsieur, vous avez *la* chambre 210. – **9.** Il est comptable, il aime *les* chiffres. – **10.** Vous avez *le* temps de prendre *un* café ? – **11.** Excusez-moi, est-ce qu'il y a *une* pharmacie par ici ?

2 C'est *une* boutique de luxe de *la* rue Saint-Honoré. Elle réunit dans *un* seul lieu *la* mode, *le* parfum, *le* design, *la* musique, l'édition, *la* photo, *la* beauté, *les* hautes technologies. On peut y acheter *des* objets de toutes sortes. *La* boutique a *un* bar à eaux. Elle a été dessinée par Arnaud de Montigny, *un* architecte français. Elle exploite également *un* site de vente en ligne. *colette paris* s'associe ponctuellement avec *des* marques comme Chanel à Paris ou Gap à New York pour créer *des* « magasins éphémères ».

3 **1.** C'est un bon chef : il a de l'autorité, du charisme, des idées. – **2.** Il a du travail, de l'argent, des amis, il a le choix, il refusera notre offre. – **3.** J'aime le bureau de Paul, il y a de l'espace, de la luminosité. – **4.** Cette année, j'écoute les copains, je bois de l'alcool, du vin, de la bière. – **5.** Chez nous, on a de la chance, on fait des pauses, on a le temps.

BILAN n° 2. Exercices p. 43

4 Ça ne va pas dans *le* bureau *des* comptables. Il y a *des* ordinateurs, mais il n'y a pas *d'*imprimante. *La* photocopieuse est toujours en panne. Il n'y a pas *de* fenêtres et il fait très sombre. Il y a *une* lampe au plafond, mais nous n'avons pas *de* lampe de bureau. En hiver, *les* radiateurs ne chauffent pas. Il n'y a pas *d'*air conditionné pour l'été. « Nous avons acheté *du* café et *des* tasses, mais *la* cafetière est cassée. Bref, il y a *des* problèmes, beaucoup *de* problèmes, trop *de* problèmes. Si *la* situation ne s'améliore pas, nous finirons par faire grève. », menace Pierre Lefort, *le* chef *des* comptables.

5 *Transcription :*
1. A : C'est une banque ? – B : Oui, c'est *la* banque HBC, c'est *la* banque où Paul travaille, c'est *une* banque anglaise.
2. A : Excusez-moi, savez-vous où est *l'*ascenseur ? – B : Il y a *un* ascenseur derrière vous, madame.
3. A : Vous prenez un peu *de* vin ? – B : Non, je vais prendre *de l'*eau. – A : Une bouteille *d'*Évian ? – B : Non, *une* carafe *d'*eau.
4. A : Excusez-moi, vous connaissez *la* biscuiterie Bosc ? – B : Oui, vous voyez *le* feu là-bas ? Eh bien, au feu, vous prenez à droite, vous continuez tout droit, vous arrivez à *un* pont, vous traversez *le* pont et vous prenez *la* deuxième rue à gauche, c'est *une* rue avec *des* arbres de chaque côté. Vous verrez, *la* biscuiterie est à 100 mètres.
5. A : Le matin, en me levant, je bois toujours *un* grand verre *d'*eau minérale. Avant d'aller *au* bureau, je vais *à la* piscine, je fais une heure *de* natation. Le soir, après *le* boulot, je fais *de la* gymnastique. Le dimanche matin, je fais un peu *de* vélo avec Paul, *un* collègue, on fait une cinquantaine *de* kilomètres. Et vous ? – B : Moi, au petit déjeuner, je bois un grand bol *de* café au lait et je mange *des* tartines de pain, avec *du* beurre, beaucoup *de* beurre et avec *de la* confiture, beaucoup *de* confiture. Le soir, après *le* travail, je rentre directement *à la* maison, je m'allonge sur le canapé *du* salon et je regarde la télé en mangeant *des* chips. J'aime bien *le* sport, mais seulement à *la* télé, personnellement je ne fais pas *de* sport. J'adore *les* chips, et vous ?

BILAN n° 2. Exercices p. 44

6 *Phrases possibles :*
1. Elle étudie la comptabilité. – **2.** Elle déteste la publicité. – **5.** Elle a de l'autorité. – **6.** Il gagne de l'argent. – **7.** Vous voulez de l'aide ? – **9.** Vous buvez du thé ? – **10.** Je préfère le champagne. – **12.** Le temps c'est de l'argent. – **13.** L'argent ne fait pas le bonheur.

7 *Transcription :*
1. C'est à qui ces lunettes ? – B : Ah ! Elles sont à moi. – **2.** A : Que pensez-vous de *ces résultats* ? – B : Ils sont meilleurs que prévu. – **3.** A : *Cette proposition* vous intéresse ? – B : Oui, elle semble très avantageuse. – **4.** A : *Cet hôtel* vous convient-il ? – B : Non, il est trop loin du centre-ville. – **5.** A : *Cette table* vous convient-elle ? – B : Nous préférerions être sur la terrasse. – **6.** A : *Ce candidat* n'a pas d'expérience. – B : Mais il semble très motivé.

8 **2.** Dis, c'est à moi, ce café ? – Non, ce n'est pas *le mien*, c'est *celui* de Pauline. – **3.** C'est à toi, ces gants ? – Non, ce ne sont pas *les miens*, ce sont *ceux* de Catherine. – **4.** C'est à vous, madame, ce parapluie ? – Non, ce n'est pas *le mien*, c'est *celui* de Catherine. – **5.** C'est à elle, cette montre ? – Non, ce n'est pas *la sienne*, c'est *celle* de Paul. – **6.** C'est à eux, ces clés ? – Non, ce ne sont pas *les leurs*, ce sont *celles* de monsieur Bertin. – **7.** C'est son hôtel ? – Non, ce n'est pas *le sien*, il est à l'hôtel du Nord.

BILAN n° 2. Exercices p. 45

9 *Transcription :*
1. A : Tu as trouvé le dossier ? – B : Quel dossier ? – A : *Celui* de Paul. – **2.** A : Tu connais *cette* femme ? – B : Laquelle ? – A : *Celle* qui est devant toi. – **3.** A : À qui sont *ces* outils ? – B : *Ce* sont *ceux* de Léo. – **4.** A : Comment *ça* va au boulot ? – B : Bof ! *Ça* dépend des jours. – **5.** A : Comment *ça* marche, *ce* truc ? – B : Tu appuies sur *ce* bouton. – **6.** A : Alors, tu choisis quelle offre ? Celle-ci ou *celle-là* ? – B : J'hésite, les deux sont intéressantes.

10 **1.** Il s'appelle comment, *ton* collègue ? – **2.** *Mon* imprimante est en panne. – **3.** Excusez-moi, c'est *votre* place ? – **4.** Je n'ai pas *leurs* coordonnées. – **5.** Tu as *son* mail ? – **6.** Il y a beaucoup de stagiaires dans *mon* service. – **7.** Je n'ai pas *ma* carte bancaire, tu peux me prêter 50 euros ? – **8.** Ils reçoivent *leur* salaire à la fin du mois. – **9.** *Nos* horaires de travail changent tous les jours.

11 *Propositions :*
1. Il me faut un café très fort et beaucoup de volonté. – **2.** Il me faut un associé et un bureau. – **3.** Il me faut un business plan, un bon produit, des capitaux, beaucoup de volonté et de persévérance. – **4.** Il me faut de la farine, du chocolat, des œufs, un four et des bougies. – **5.** Il me faut un billet de train, un document d'identité, mon ordinateur portable, mes dossiers, mon téléphone portable. – **6.** Il me faut des espèces ou un carnet de chèques.

7. Le lieu. Exercices p. 47

1. **1.** Madame Le Goff est originaire de *Quimper, une petite ville située en Bretagne.* – **2.** Elle n'a pas fait ses études *en France.* – **3.** Elle a fait ses études *à Amsterdam, aux Pays-Bas.* – **4.** Elle connaît l'Amérique du Nord. Elle a travaillé *au Canada.* – **5.** Elle connaît l'Amérique latine. Elle a vécu *en Colombie, au Brésil et à Cuba.* – **6.** Elle connaît bien trois pays d'Afrique du Nord : l'Algérie, *la Tunisie, le Maroc.* – **7.** Aujourd'hui, elle vit *à Barcelone, en Espagne.* – **8.** Bientôt, elle va connaître trois nouveaux pays : *le Japon, la Chine et la Corée.* – **9.** Elle n'est jamais allée *en Asie.*

7. Le lieu. Exercices p. 49

1. **1.** Faux – **2.** Vrai – **3.** Faux – **4.** Vrai – **5.** Faux

2.

mardi 3 mars	jeudi 12 mars
1. Le téléphone est devant l'ordinateur.	Le téléphone est derrière l'ordinateur.
2. Le soleil est au-dessus de la tour de gauche.	Le soleil est entre les deux immeubles.
3. La corbeille à papier est sous le bureau.	La corbeille à papier est à côté du fauteuil.
4. Il y a un bout de papier par terre, à côté de la corbeille à papier, sous la table.	Il y a un bout de papier par terre à côté de la corbeille, mais pas au même endroit, puisque la corbeille a été déplacée.
5. La tasse est sur le bureau.	La tasse est sur l'étagère du haut, à côté de la cafetière.
6. Les lunettes et les clés sont sur l'étagère du milieu.	Les lunettes et les clés sont sur le bureau.
7. Le crayon est sur le bloc-notes.	Le crayon n'est plus sur le bloc-notes, il est sous la lampe.

7. Le lieu. Exercices p. 51

 • *à, chez* : **1.** Matthieu, il y a du courrier, vous pouvez passer *à* la poste ? – **2.** Demain matin, j'arriverai vers 10 heures, j'ai un rendez-vous *chez* le dentiste. – **3.** Tu as ton billet ? – Non, pas encore. Je l'achèterai *à* la gare. – **4.** Où est Julie ? – Elle est *chez* un client. – **5.** Tu as vu le dossier Cerise quelque part ? – Jonathan l'a oublié *chez* lui.
• *dans, sur* : **6.** Elle travaille où ? – *Dans* une entreprise informatique. – **7.** Monsieur Fisher fait de bonnes affaires *sur* les terrains de golf. – **8.** Tu

sais où sont les prospectus de formation ? – *À* la poubelle. – **9.** Vous avez terminé le rapport Cerise ? – Je l'ai terminé *dans* le train. – **10.** Ils ont ouvert un magasin *sur* les Champs-Élysées.

• *à, de* : **11.** Calmez-vous ou alors sortez immédiatement *d'*ici ! – **12.** Je ne me sens pas bien. – Vous devriez rentrer *à* la maison. – **13.** Tu étais où ? – Je reviens *de* la réunion de service. – **14.** Il y a eu un accident dans l'atelier 3, j'ai passé ma journée *à* l'usine. – **15.** Tu vas où ? – *À* la réunion. – **16.** Comment je fais pour retourner *à* la page d'accueil.

2 Monsieur Le Goff travaille aussi *dans* le couloir, *au* café, *dans* sa chambre d'hôtel, *sur* les quais de la Seine, *sur* la place de la Concorde, *dans* sa maison de campagne, *dans* son jardin, *sur* l'herbe, *dans* la forêt, *à* la mer, *à* la montagne, *dans* l'avion, *dans* le train, *dans* le taxi, *chez* le boulanger, *chez* sa copine, *chez* moi, *chez* vous peut-être.

8. Les verbes au présent. Exercices p. 53

1 **1.** Il travaille comme vendeur chez un concessionnaire Peugeot. – **2.** Il occupe un poste de conseiller commercial. – **3.** Il prospecte la clientèle dans l'est de la France. – **4.** Aujourd'hui il est à Strasbourg et demain, il va à Metz. – **5.** Oui, il trouve que la vente est un métier passionnant. – **6.** Oui, c'est un bon vendeur. Il a le sens du contact, il sait vendre, il aime son métier.

5 *Présent :* 1, 5, 6 – *Passé :* 3 – *Futur :* 2, 4, 7, 8, **9.**

3 *Propositions :*
2. un moment passé : *J'arrive, je lui dis bonjour, il ne répond pas.* – **3.** un sentiment : *J'aime mon travail.* – **4.** une compétence : *Je parle bien français.* – **5.** une habitude : *Je vais au travail en métro.* – **6.** une vérité générale : *Tout travail mérite un salaire.* – **7.** Que faites-vous en ce moment ? *Je fais des exercices de grammaire.*

8. Les verbes au présent. Exercices p. 55

1 • **b. 1.** quitter – **2.** rester – **3.** travailler – **4.** surfer – **5.** confier – **6.** fréquenter – **7.** envoyer –**8.** acheter – **9.** encourager – **10.** augmenter – **11.** préférer – **12.** préciser • **c.** Verbes à deux radicaux : envoyer, acheter, préférer.

2 **2.** Nous appelons les collègues par leur prénom. – **3.** Nous ne tutoyons pas le directeur. – **4.** Nous partageons le même espace de travail. – **5.** Nous employons des stagiaires. – **6.** Nous avançons vite dans la hiérarchie.

3   **1.** appeler, rappeler – **2.** jeter, projeter – **3.** espérer, préférer – **4.** ramener, mener – **5.** lever, enlever.

4   **1.** Nous commen**ç**ons à travailler à 9 heures. – **2.** Lucie a appelé, elle rapp**elle** dans vingt minutes. – **3.** Ils envo**ient** les échantillons aujourd'hui. – **4.** Ils ach**è**tent tout. – **5.** Ici, on ne jet**te** pas les papiers par terre. – **6.** J'esp**è**re que tu vas bien. – **7.** Nous esp**érons** vous revoir bientôt. – **8.** Ils préf**èrent** 10 heures ou 11 heures ? – **9.** Chez Actance, est-ce que les employés tuto**ient** ou vouv**oient** le directeur ?

8. Les verbes au présent. Exercices p. 57

1   **1.** Jonathan offre des fleurs à Jeanne. – **2.** Noah dort sur son bureau. – **3.** Mattéo met sa veste. – **4.** Emma éteint la lumière. – **5.** Les visiteurs lisent les journaux. – **6.** Camille sort du parking.

2   *Transcription :*
1. Elles partent demain. – **2.** Il vend des savons. – **3.** Il descend l'escalier. – **4.** Il perd de l'argent. – **5.** Ils mettent une cravate. – **6.** Elles ne répondent pas.

3   **1.** Vous li**sez** quel journal ? – Je ne li**s** pas les journaux. – **2.** Vous attend**ez** quelqu'un ? – Oui, j'attend**s** le directeur. – **3.** Vous connai**ssez** madame Verdier ? – Non, mais je connai**s** monsieur Verdier. – **4.** Vous met**tez** combien de temps pour aller au travail ? – Je met**s** une demi-heure. – **5.** Ils n'étei**gnent** jamais la lumière quand ils par**tent**. – **6.** Qu'est-ce que vous écri**vez** ? – J'écri**s** une lettre de réclamation. – **7.** Vous choisi**ssez** le plan A ou le plan B ? – Je ne sai**s** pas, je réfléchi**s**.

8. Les verbes au présent. Exercices p. 59

1   **1.** aller : je vais, vous allez, ils viennent. – **2.** être : je suis, vous êtes, ils sont. – **3.** avoir : j'ai, vous avez, ils ont – **4.** faire : je fais, vous faites, ils font – **5.** vouloir : je veux, vous voulez, ils veulent – **6.** pouvoir : je peux, vous pouvez, ils peuvent – **7.** prendre : je prends, vous prenez, ils prennent – **7.** venir : je viens, vous venez, ils viennent.

2   **1.** Nous disons toujours la vérité. Ils disent toujours la vérité. – **2.** Tu me surprends beaucoup. Ils me surprennent beaucoup. – **3.** Vous recevez le président à 15 heures. Ils reçoivent le président à 15 heures. – **4.** Il détient 40 % du capital. Nous détenons 40 % du capital. – **5.** Qu'est-ce que vous devenez ? Qu'est-ce qu'elles deviennent ? – **6.** Nous ne buvons jamais d'alcool. Ils ne boivent jamais d'alcool.

3 • *aller, apprendre, prendre :* **1.** Vous **apprenez** le français ? – Oui, je **prends** des cours tous les jours. – **2.** Vous **allez** au travail en voiture ? – Non, on **prend** le train. – **3.** Ils ne **prennent** pas de vacances ? – Si, ils **vont** à la mer en août.

• *devoir, faire, pouvoir :* **4.** Vous **faites** des progrès en français ? – On **fait** ce qu'on **peut.** – **5.** Je vous **dois** combien ? – Vous ne me **devez** rien, c'est gratuit. – **6.** Pour la réunion, vous **pouvez** venir à 9 heures ? – Désolé, nous ne **pouvons** pas. – **7.** Je **peux** vous poser une question ? – Allez-y – Qu'est-ce qu'ils **font** ici ?

• *boire, être, obtenir, venir :* **8.** Vous **venez** à quelle heure demain ? – Je **viens** à 10 heures. – **9.** Qu'est-ce que vous **buvez** ? Un bordeaux ? – Non, je ne **bois** pas d'alcool. – **10.** Marc **est** notre meilleur vendeur, il **obtient** toujours d'excellents résultats.

9. La construction des verbes. Exercices p. 61

1 CO : 1, 3 – CC : 2, 4, 5, 6.

2 **2.** Elle prospecte les nouveaux clients : **direct.** – **3.** Elle répond à leurs questions : **indirect.** – **4.** Elle négocie les contrats : **direct.** – **5.** Elle connaît bien son travail : **direct.** – **6.** Elle pense beaucoup à son travail : **indirect.** – **7.** Elle aime beaucoup son travail : **direct.** – **8.** Les clients font confiance à Amélie : **indirect.** – **9.** Elle trouve toujours des solutions : **direct.** – **10.** Elle dépend hiérarchiquement du directeur de l'agence : **indirect.**

3 1b – 2c – 3a – 4 e – 5d.

4 *Propositions :*
1. Je parle à mes collègues. – **2.** Je lis un roman de Balzac. – **3.** J'ai besoin de mon ordinateur. – **4.** J'ai peur du directeur. – **5.** Je ressemble à mon père. – **6.** Je pense à mon travail.

9. La construction des verbes. Exercices p. 63

1 1c – 2b – 3a – 4d – 5e

2 *Transcription :*
« Bonjour, je **m'**appelle Annie Poitevin, je dirige la société ABS. Nous **nous** occupons de transactions immobilières. Une fois par semaine tous les collaborateurs d'ABS **se** réunissent pour faire le point. Je **m'**entends très bien avec mon associé, il **s'**appelle Pierre Olier. Moi, je **m'**occupe des affaires administratives et lui, il **s'**occupe de la gestion commerciale. Nous **nous** voyons tous les jours. »

3 **1.** Le personnel d'ABS *se réunit* une fois par semaine. – **2.** Annie Poitevin *s'occupe* des affaires administratives. – **3.** Elle et son associé *se voient* tous les jours. – **4.** Ils *s'entendent* très bien.

10. Les verbes semi-auxiliaires. Exercices p. 65

1 **2.** Elle vient de terminer ses études. Elle est en train de chercher un travail. Elle va trouver rapidement. – **3.** Nous venons de voir plusieurs candidats. Nous sommes en train d'examiner leur candidature. Nous allons embaucher le meilleur.

2 **2.** Non : tu contactes. – **3.** Oui. – **4.** Non : je prends. – **5.** Oui. – **6.** Oui.

3 **2.** J'ai faim, on va déjeuner ? – **3.** Elle vient de trouver un travail, elle commence lundi. – **4.** Je viens d'arriver au bureau et il n'y a personne. – **5.** Il y a beaucoup de travail, vous n'allez pas vous ennuyer. – **6.** Nous allons expédier la marchandise demain matin.

10. Les verbes semi-auxiliaires. Exercices p. 67

1 Nécessité : 1, 2, 4 – Probabilité : 3, 5.

2 *Transcription :*
A : J'ai un empêchement, je ne *peux* pas assister à la réunion de jeudi. – B : C'est embêtant, est-ce qu'on *peut* savoir pourquoi ? – A : Je *dois* voir Bernardin à 9 heures. – B : Tu ne *peux* pas reporter ton rendez-vous ? – A : Non, c'est impossible, nous *devons* régler une affaire urgente.

BILAN n° 3. Exercices p. 68

1 *Transcription :*
1. MENES : « Bonjour, je travaille pour une entreprise française *au* Maroc, *à* Casablanca. Je viens une fois par mois *à* Paris, *au* siège social, c'est à côté *d'*ici, *dans* la rue Violet. Je voyage régulièrement *dans* les pays du Maghreb, surtout *en* Algérie, mais aussi *dans* le sud de l'Europe, *au* Portugal et *en* Espagne. Je passe beaucoup de temps *dans* les avions. »
2. LORENA : « Bonjour, moi, je viens *du* Mexique. Comme Menes, je voyage beaucoup et je dors plus souvent *dans* une chambre d'hôtel que *chez* moi. Je suis arrivée *de* Londres hier soir. Je suis *à* l'hôtel Mariott, *sur* l'avenue des Champs-Élysées. Demain je serai *aux* Pays-Bas, j'ai une conférence à La Haye et puis samedi je rentre *au* Mexique. »

2 **1.** Charlie Robin *parle* à une cliente. – **2.** Nous *réfléchissons* à la meilleure solution. – **3.** Elle *appelle* monsieur Bertin tout de suite. – **4.** Est-ce que vous *vous habituez* à votre nouveau poste ? – **5.** Je ne *connais* pas le mail de Charlie. – **6.** Ils *s'intéressent* à notre nouveau produit. – **7.** Cet hôtel *appartient* à la famille Delarue. – **8.** Je *vois* le président demain matin. – **9.** Samsung *s'attend* à des bénéfices records. – **10.** Le marketing *attend* les résultats de l'enquête.

BILAN n° 3. Exercices p. 69

3 Les cadres n'arrêtent jamais de travailler. Ils prennent leur ordinateur avec eux partout où ils vont. Ils ont trois téléphones. Quand ils sont chez eux, ils essayent de ne pas consulter leurs messages, mais ils ne résistent pas longtemps. En fait, ils reçoivent des messages continuellement. Le soir ou le week-end, ils font toujours quelque chose pour le travail : ils appellent un collègue, ils répondent à un message, ils écrivent ou ils lisent un rapport, ils réfléchissent à tel ou tel problème avec un client, etc. Ils ne voient plus la frontière entre vie professionnelle et vie privée. Ils se sentent même coupables quand ils ne travaillent pas.

BILAN n° 3. Exercices p. 70

5 **2.** Marcel doit finir son rapport. – **3.** Tu dois prendre une décision. – **4.** Julie sait conduire un camion. – **5.** Je peux aller à la réunion. – **6.** Je veux acheter une maison. – **7.** Ils veulent faire une réunion. – **8.** Tu peux éteindre l'ordinateur. – **9.** Tu peux enlever ta cravate. – **10.** Le directeur sait faire du bon café. – **11.** Tu dois te méfier de Jonathan.

6 • *pouvoir* ou *devoir* ? **1.** *Pouvez*-vous me rendre un petit service ? – **2.** Désolé, je ne *peux* rien faire pour vous. – **3.** Ils ne sont jamais d'accord, ils ne *peuvent* pas s'entendre. – **4.** Vous *devez* respecter le règlement intérieur de l'entreprise. – **5.** Je *dois* m'absenter demain, est-ce que quelqu'un *peut* me remplacer ?
• *savoir* ou *vouloir* ? **6.** Il est perdu, il ne *sait* pas quoi faire. – **7.** Excusez-moi, *savez*-vous où se trouve le bureau de madame Bernardin. – **8.** Il fait un froid de canard ici, tu *veux* fermer la fenêtre ? – **9.** Il trouve que les conditions sont inacceptables, il ne *veut* pas signer. – **10.** Julien et Noémie *veulent* se marier l'année prochaine.

7 1e – 2b – 3c – 4a – 5d.

8 Que *se passe*-t-il derrière les murs des entreprises ? Quelles sont les personnes qui y *travaillent* ? Qu'est-ce qu'on y *produit* ? Le salon Découverte de l'entreprise *répond* à toutes ces questions et à bien d'autres. Il *se tient* les 3 et 4 octobre à Bruxelles. Les entreprises participantes *proposent* au public des démonstrations, des dégustations, des projections de films. Venez nombreux !

9 *Propositions :*
• *être en train de + infinitif :* **2.** Il est 12 h 30. *Il est en train de déjeuner.*
3. Manuela a beaucoup à faire. *Elle est en train de travailler.*
4. Elle part demain matin pour le Brésil. *Elle est en train de faire ses valises.*
5. Baptiste est avec un client. *Ils sont en train de discuter.*

• *aller + infinitif :*
7. Valentine a 65 ans. *Elle va prendre sa retraite.*
8. Mathis n'aime pas son travail. *Il va démissionner.*
9. Je n'aime pas le café. *Je vais prendre un thé.*
10. Je ne comprends pas ce mot. *Je vais regarder dans le dictionnaire.*

• *venir de + infinitif :*
12. Chloé et Anaïs ne sont pas là. *Elles viennent de partir.*
13. Je suis très content. *Je viens d'avoir une augmentation.*
14. Je suis très surpris. *Je viens d'apprendre que Mathis a démissionné.*
15. Bertin est en train de présenter l'ordre du jour. *La réunion vient de commencer.*

11. Les chiffres et les nombres. Exercices p. 73

1 Vrai : 1, 5 – Faux : 2, 3, 4.

2 *Transcription :*
« Bonjour, je m'appelle Nina Hernandez, j'ai **28** ans, je suis graphiste. Je suis à la recherche d'un petit bureau d'environ **30** m^2 dans Paris, dans le **9**^{e} ou le **17**^{e} arrondissement, si possible près de la Gare Saint-Lazare. Vous pouvez me joindre au **06 47 70 10 99** ou au **01 54 57 87 98**. Je répète : **47 70 10 99** ou **01 54 57 87 98.** Merci. »

3 1b – 2c – 3d – 4a.

4 **97** m^2 au **1**^{er} étage d'un immeuble du xvIII^e siècle – **01 67 56 78 12**

11. Les chiffres et les nombres. Exercices p. 75

2 *Transcription :*
Le musée de l'Aventure Peugeot à Sochaux reçoit environ *100 000* visiteurs par an, ce qui porte le chiffre à plus de *2 500 000* visiteurs depuis son ouverture en *1988.* Le patrimoine se compose de :
– *450* véhicules, dont une centaine d'exposés,
– 300 cycles et motocycles, dont une cinquantaine d'exposés,
– *3 000* petits objets estampillés à la marque.
Le musée, c'est *45 000* m² dont 10 000 m² ouverts au public.

3 – 1896 : *mille huit cent quatre-vingt-seize*
– 1 520 000 : *un million cinq cent vingt mille*
– 55 446 000 000 : *cinquante-cinq milliards quatre cent quarante-six mille*

4 *Transcription :*
C'est en 1896 qu'Armand Peugeot a fondé la Société des automobiles Peugeot. Cette année, en 2018, son président a gagné 1 520 000 euros. L'entreprise a vendu 3 250 000 automobiles dans le monde pour un chiffre d'affaires de 55 446 000 000 d'euros.
– salaire annuel du président en euros : *1 520 000*
– année de fondation : *1896*
– chiffre d'affaires annuel en euros : *55 446 000 000*

11. Les chiffres et les nombres. Exercices p. 77

1 La société TECPLUS réalise *un quart* de son chiffre d'affaires en Allemagne, *la moitié* en France, *un cinquième* au Canada, *les trois quarts* en Europe.

2 *Transcription :*
« Nos ventes dans le monde s'élèvent à 2,6 millions de dollars. Par rapport à l'année dernière, elles ont progressé de près de 5 %, ou, pour être tout à fait précis, de *4,92 %.* En Europe, elles sont restées quasiment stables, avec une très légère augmentation de *0,25 %,* mais en Amérique du Nord, le chiffre d'affaires a fait un bond de *12,5 %* avec un plus haut de *14 %* au Canada. *47 %* de nos nouveaux clients ont souscrit à notre offre VIP, soit près d'un client sur deux. »
1. cinq pour cent – **2.** quatre virgule quatre-vingt douze pour cent –
3. zéro virgule vingt-cinq pour cent – **4.** douze virgule cinq pour cent –
5. quatorze pour cent – **6.** quarante-sept pour cent.

12. Les indéfinis. Exercices p. 79

1 2. Il reste seul dans son bureau, il *ne voit personne*. – **3.** C'est quelqu'un d'autonome, *il n'a besoin de personne*. – **4.** Il est maigre comme un clou, *il ne mange rien*. – **5.** Il est muet comme une carpe, *il ne dit rien*. – **6.** Il est très paresseux, *il ne fait rien*.

2 *Quelqu'un :* 1, 4, 5 – *Les gens :* 2, 3, 6.

3 2. Est-ce que tu sais *quelque chose* ? – Désolé, je ne sais rien du tout. – **3.** Mon patron ne voyage pas, il *ne* veut aller *nulle part*. – **4.** J'ai perdu mes clés, j'ai cherché *partout*, elles sont sûrement *quelque part*. – **5.** À Paris, *on* voit beaucoup de touristes. – **6.** Il y a *quelqu'un* ? – Désolé, *tout le monde* est parti, il n'y a plus *personne*.

4 2. Je peux venir à *n'importe quelle heure*. – **3.** On peut embaucher *n'importe laquelle*. – **4.** Non, elle travaille *n'importe comment*. – **5.** Je peux vivre *n'importe où/dans n'importe quel pays*. – **6.** Il raconte *n'importe quoi*.

12. Les indéfinis. Exercices p. 81

1 1c – 2 e – 3a – 4b – 5d – 6g – 7f

2 • *aucun, quelques, quelques-uns :* **2.** Vous croyez qu'il va réussir ? Franchement, j'ai *quelques* doutes. – **3.** Avez-vous perdu beaucoup de clients ? Pas beaucoup, seulement *quelques-uns*.
• *chaque, chacun, plusieurs :* **4.** Tu préfères le plan A ou le plan B ? *Chacun* a ses avantages et ses inconvénients. – **5.** Qu'est-ce que vous proposez ? Nous avons une offre adaptée à *chaque* client. – **6.** Depuis quand travaillez-vous dans cette entreprise ? Depuis *plusieurs* années.
• *tout, toute, tous, toutes :* **7.** Qu'est-ce qu'ils font ? Ils s'occupent de *tout*, y compris du transport. – **8.** De quoi avez-vous besoin ? – J'ai besoin de *toutes* les informations. – **9.** Vous n'avez pas de solution ? – Je ne peux pas résoudre *tous* les problèmes. – **10.** Qu'est-ce qu'il faut faire ? – Il faut vérifier *toute* la comptabilité.

3 *Transcription :*
1. Combien de temps dure l'entretien ? – Seulement *quelques* minutes. – **2.** Vous avez appelé madame Bernardin ? – Bien sûr, j'ai même appelé *plusieurs* fois. **3.** Pouvez-vous m'envoyer un échantillon ? – Désolé, il ne m'en reste plus *aucun* **4.** Quelle est la meilleure candidate ? – C'est difficile à dire, *chacune* est différente. – **5.** Il faut travailler en costume cravate ? – Non, *chacun* peut s'habiller comme il veut. – **6.** Il a des idées sur ce projet ? – Il en a *quelques-unes,* mais pas beaucoup. – **7.** Ça va ? – *Tout* va bien, merci. – **8.** Vous voyez une solution ? – Non, franchement, *aucune*, et vous ?

12. Les indéfinis. Exercices p. 83

1 1b – 2e – 3d – 4c – 5a.

2 • *un autre, une autre, d'autres, certains :* **2.** C'est la même affaire ? Non, c'est **une autre** affaire, très différente en fait. – **3.** Tout le monde est d'accord ? **Certains** sont d'accord, **d'autres** pas.
• *le même, la même, la même chose :* **4.** Quelle est la différence entre les plans A et B ? En fait, c'est **la même chose.** – **5.** Vous comprenez mon problème ? Je comprends parfaitement, j'ai **le même.** – **6.** La réunion a lieu dans quelle salle ? Dans **la même** que la dernière fois.

3 **2.** Votre proposition m'intéresse, mais à **d'**autres conditions. – **3.** Je me souviens de ta collègue Clara, mais je ne me souviens pas **des** autres. – **4.** Que pensez-vous de monsieur Colin et **des** autres membres de l'équipe ? – **5.** Il manque des chaises dans la salle de réunion, vous en avez **d'**autres ?

4 *Transcription :*
1. Vous connaissez Paul Bert ? Très bien, nous travaillons dans **le même** bureau. – **2.** Vous n'aimez pas ce pantalon ? Pas beaucoup, je peux en essayer **un autre** ? – **3.** Est-ce que les clients sont contents ? Pas tous, **certains** se plaignent de l'accueil. – **4.** Peut-on changer de sujet ? Oui, passons à **autre chose.** – **5.** Est-ce que les conditions ont changé ? Non, ce sont toujours **les mêmes.** – **6.** Est-ce qu'il a changé d'avis ? Non, il pense toujours **la même chose**. – **7.** Vous avez d'autres questions ? Oui, seulement **une autre.** – **8.** Est-ce la seule possibilité ? Non, pas du tout, il y en a beaucoup **d'autres**.

13. Les indicateurs de temps. Exercices p. 85

1 **1.** À Paris il est 10 h 30 (10 heures et demie du matin). À Montréal il est 4h30 (4 heures et demie du matin). – **2.** Décalage horaire entre Paris et Montréal : 6 heures.

2 *0h15 :* zéro heure quinze, minuit et quart – *11h45 :* onze heures quarante-cinq, midi moins le quart – *23h40 :* vingt-trois heures quarante, minuit moins vingt – *18h05 :* dix-huit heures cinq, six heures cinq.

3 Les bureaux sont-ils ouverts : – à midi et demi ? Non – à deux heures moins le quart ? Oui – à cinq heures et quart ? Oui – après six heures du soir ? Non.

4 *Propositions :*
2. Vous avez l'heure ? – **3.** Vous fermez à quelle heure ? – **4.** À quelle heure part le train pour Paris ? – **5.** Quels sont les horaires du magasin ?

– 6. Vous déjeunez à quelle heure ? **– 7.** Vous sortez du bureau à quelle heure ? **– 8.** Vous vous levez à quelle heure le dimanche ?

13. Les indicateurs de temps. Exercices p. 87

1 Vrai : 3 – Faux : 1, 2

2 **2.** Le séminaire annuel a lieu soit *en* hiver soit *au* printemps. – **3.** Sarah travaille à Bruxelles depuis *le* 1er octobre 2014. – **4.** Elle va à Genève *à* la fin *du* mois *de* juin.

3 17/04/1992 : le 17 avril 1992 (dix-sept avril mille neuf cent quatre-vingt-douze)
21/08/2017 : le 21 août 2017 (vingt et un août deux mille dix-sept)

4 **1.** Les soldes commencent le *1er janvier*. – **2.** Dans le bureau, il fait une chaleur étouffante en *été*. – **3.** Je prends mes vacances au *mois d'août*. – **4.** Les vacances de la Toussaint sont à la *mi-novembre*.

5 *Propositions :*
1. De quand date l'invention de l'automobile ? – **2.** À quelle date commencent les soldes d'été ? – **3.** Quelle est la date de la prochaine réunion ? – **4.** On est quel jour aujourd'hui ?

14. Les adverbes. Exercices p. 89

1 **2.** vite → rapide – **3.** bien → bon – **4.** couramment → courant.

2 **1.** Ils se connaissent *bien*, ça fait des années qu'ils travaillent *ensemble.* – **2.** Excusez-moi, je n'ai pas fait *exprès*. – **3.** Préférez-vous travailler assis ou *debout* ? – **4.** Il est un peu paresseux, il ne travaille pas *volontiers.* – **5.** Nos marchandises sont livrées *franco* de port et d'emballage. – **6.** Notre directeur est un beau garçon, mais il est toujours *mal* habillé.

3 *Transcription :*
A : Réponds-moi *franchement*. – B : Oui, patron. – A : Tu as *bien* regardé le plan ? – B : J'ai regardé un peu *vite*. – A : Ce n'est pas du *bon* travail, Costa, c'est même du très *mauvais* travail.

4 **1.** Pierre Dupont a vécu trois ans au Kenya. Il parle swahili *couramment*. – **2.** C'est une star internationale. Il est connu *mondialement*. – **3.** Il gagne de plus en plus d'argent. Ses revenus augmentent *régulièrement*. – **4.** Il donne parfois des concerts gratuits. Il travaille *bénévolement*. – **5.** Il dit ce qu'il pense. Il s'exprime *librement*. – **6.** Il va finir par avoir un accident de voiture. Il ne conduit pas **prudemment**. – **7.** À la fin de ton mail, tu peux écrire « **cordialement** », c'est la formule la plus courante. – **8.** Ce sont des gens hospitaliers, ils nous accueillent toujours très **chaleureusement**.

14. Les adverbes. Exercices p. 91

① **1.** Il a été décidé de fermer l'usine de Toul parce qu'elle n'était pas assez rentable. – **2.** Le taux de chômage atteint presque 12 %. – **3.** La fermeture de l'usine est une tragédie parce que beaucoup d'ouvriers ne retrouveront pas de travail.

② **2.** *trop* modifie *l'adjectif cher*. – **3.** *très* modifie *l'adverbe franchement*. – **4.** *beaucoup* modifie le verbe *réfléchir*. – **5.** *peu de* modifie *le nom choix*. – **6.** *un peu* modifie l'adverbe *cyniquement*.

③ **2.** Elle est partie *trop* tard de son bureau, elle ne s'est pas *assez* dépêchée. – **3.** Elle travaille *beaucoup*, mais elle n'est pas *assez* organisée. – **4.** Elle a toujours *énormément de* travail, elle veut gagner *beaucoup* d'argent. – **5.** Elle n'est pas *très* riche, mais elle gagne *assez* bien sa vie. – **6.** À mon avis, elle travaille *trop*, elle ne mange pas *assez*, elle a *beaucoup* maigri. – **7.** Tu as *tout à fait* raison, elle devrait *un peu* se reposer, elle a *assez d'*argent. – **8.** Cette industrie ne dégage pas *assez de* profit, il faudrait investir *davantage*. – **9.** *Très* difficile de circuler, il n'y a pas *assez de* places de stationnement, il y a *beaucoup d'*embouteillages.

BILAN n° 4. Exercices p. 92

① 8 000 000 : *huit millions* – 25 % : *vingt-cinq pour cent* – 38ᵉ : *trente-huitième* – 330 000 000 000 : *trois cent trente milliards* – 1 800 000 : *un million huit cent mille* – 41 284 : *quarante et un mille deux cent quatre-vingt-quatre*.

Transcription :
La Suisse compte *8 000 000* d'habitants. *1 800 000* parlent français, soit près de *25 %* de la population. Sa superficie est de *41 284* kilomètres carrés. Son PIB (en parité de pouvoir d'achat) est d'environ *330 000 000 000,00* euros, ce qui la place au *38ᵉ* rang mondial.

② *Transcription :*
1. Nous sommes tous là. – **2.** Il a pris tous les documents. – **3.** Tous les magasins sont fermés. – **4.** Ils sont tous pareils. – **5.** Je les connais tous. – **6.** Il vient tous les jours.
Oui : 1, 4, 5 – Non : 2, 3, 6.

3

2. Paul travaille vite et bien. *Jacques travaille lentement et mal.* – **3.** Paul sait tout faire. *Jacques ne sait rien faire.* – **4.** Paul travaille partout. *Jacques ne travaille nulle part.* – **5.** Paul s'intéresse à tout. *Jacques ne s'intéresse à rien.* – **6.** Paul fait rire tout le monde. *Jacques ne fait rire personne.* – **7.** Paul n'a peur de rien. *Jacques a peur de tout.* – **8.** Paul parle peu. *Jacques parle beaucoup.* – **9.** Paul réagit positivement. *Jacques réagit négativement.* – **10.** Tout le monde veut travailler avec Paul. *Personne ne veut travailler avec Jacques.*

BILAN n° 4. Exercices p. 93

4

1. Le bureau est vide, ils sont *tous* partis. – **2.** Je suis désolé, je ne peux *rien* faire pour vous. – **3.** Je dois m'absenter demain, *quelqu'un* peut-il me remplacer ? – **4.** Je vois que *tout le monde* est là, nous pouvons commencer. – **5.** Si vous n'aimez pas ce modèle, nous en avons un *autre.* – **6.** *Quelqu'un* a appelé ce matin, mais je ne sais pas qui. – **7.** *Chacun* de nous a un travail différent. – **8.** Je peux vous demander *quelque chose* ? – **9.** Il y a *quelqu'un* pour vous à la réception, c'est une jeune femme. – **10.** C'est un service gratuit, ça ne coûte *rien.* – **11.** On cherche un architecte, vous connaissez *quelqu'un* de compétent ? – **12.** Il ne peut pas s'arrêter de fumer, il n'a *aucune* volonté. – **13.** Son rapport est nul, il n'y a *rien* d'intéressant là-dedans. – **14.** Pour *toute* information complémentaire, contactez-nous. – **15.** Je comprends tout à fait votre problème, j'ai *le même.*

5

2. Monsieur, votre rendez-vous avec le docteur Marcel est à *15 heures*. *(Le ton est formel, l'heure doit être officielle.)* – **3.** À l'usine de Roubaix, l'équipe de nuit termine le travail à *5 heures*. *(Le travail d'une équipe de nuit se termine le matin.)* – **4.** Le train n° 3611 à destination de Lyon partira de la voie 3 à *12 heures 30*. *(Dans un message public diffusé dans une gare, on utilise l'heure officielle.)* – **5.** Il est *14 heures 15*. *(On doit dire soit l'heure courante, 2 heures et quart, soit l'heure officielle, 14 heures 15. On ne peut pas mélanger les deux.)*

6

Propositions :
1. Vous avez l'heure, s'il vous plaît ? – *(11 heures pile)* **Il est 11 heures pile.** – **2.** Vous commencez à quelle heure ? – *(9 heures)* **Je commence à 9 heures.** – **3.** On est le combien aujourd'hui ? – *(25 février)* **On est le 25 février.** – **4.** De quand date ce mail ? – *(20 novembre)* **Il date du 20 novembre.** – **5.** Vous partez quand ? – *(mi-mars)* **Je pars à la mi-mars.** – **6.** Et vous revenez quand ? – *(août)* **Je reviens fin mars.** – **7.** Quand est-ce que vous prenez vos vacances ? *(été, mois d'août)* **Je les prends en été, au mois d'août.** – **8.** Et vous reprenez quand le travail ? – *(début septembre, 01/09)* **Je reprends le travail début septembre, le 1er septembre.** – **9.** Vous

allez quand aux sports d'hiver ? *(février)* **J'y vais en février.** – **10.** Quand ont lieu les deux séminaires annuels ? – *(automne, printemps)* **Ils ont lieu en automne, au printemps.**

15. La comparaison. Exercices p. 95

1 Si vous êtes désordonné au travail, c'est **mieux**. D'après certains chercheurs, un salarié désordonné serait **plus** productif **que** ses collègues ordonnés. Il se consacrerait **plus** à sa tâche. Il perdrait **moins de** temps à réorganiser son espace de travail. Ainsi, un salarié désordonné mettrait 43 % **moins de** temps **que** ses collègues à retrouver les documents dont il a besoin.

2 **2.** Victor voyage. (Léa =) : **Léa voyage autant que Victor.** – **3.** Victor a des rendez-vous (Léa =) : **Léa a autant de rendez-vous que Léa.** – **4.** Victor est souvent en réunion (Léa -) : **Léa est moins souvent en réunion que Victor.** – **5.** Victor bavarde. (Léa +) : **Léa bavarde plus que Victor.**

3 *Transcription :*
A : À ton avis, il gagne combien le patron ? Dis un chiffre. – B : Je ne sais pas... un million d'euros. – A : **Plus.** – B : **Plus d'**un million ? Alors, deux millions. – A : **Moins.** – B : **Moins de** deux millions ? Alors... euh... un million et demi.

4 *Proposition :*
2. Je / jeune / mon patron : **Je suis plus jeune que mon patron.** – **3.** Mon entreprise / grande / Ford. : **Mon entreprise n'est pas aussi grande que Ford.** – **4.** Je / expérience / mes collègues : **J'ai moins d'expérience que mes collègues.** – **5.** Mon travail / intéressant / celui de ... : **Mon travail est plus intéressant que celui de Julie.** – **6.** Je travaille / = / il y a 5 ans : **Je travaille autant qu'il y a cinq ans.** – **7.** Je / désordonné / mes collègues : **Je suis plus désordonné que la plupart de mes collègues.**

15. La comparaison. Exercices p. 97

1 **2.** Coca Cola, la marque la plus connue du monde. – **3.** Sablétine, le biscuit le plus petit de la gamme. – **4.** La Marmite, le meilleur restaurant de la ville. – **5.** KM4, l'entreprise la plus rentable du secteur.

2 **1.** Petit Léger est un bon biscuit, mais c'est Oréo **le meilleur**. – **2.** KM3 est une bonne entreprise, mais c'est KM4 **la meilleure**. – **3.** Dans son secteur, c'est KM4 qui réussit **le mieux**. – **4.** Les fromages anglais sont excellents, mais les fromages français sont **les meilleurs**. – **5.** Ma collègue travaille bien, mais c'est moi qui travaille le **mieux**.

3 *Propositions :*
1. De tous les vendeurs, c'est Jacques *le plus vieux* : il aura bientôt 60 ans. –
2. Jacques est un très mauvais vendeur, je crois même que c'est *le pire*. –
3. Quand Jacques voyage, il voyage léger, il prend *le moins de* bagages possible. – **4.** L'offre Netflix n'est pas très intéressante, c'est l'offre Tibox qui présente *le plus d'*avantages. – **5.** Ils sont très concurrentiels, ils ont les prix *les plus compétitifs* du marché.

4 *Propositions :*
3. Amazon.com est la plus grande entreprise de vente en ligne du monde. – **4.** Michelin est la marque de pneu la plus connue du monde. – **5.** L'homme le plus riche de tous les temps, c'est Mansa Moussa, roi malien du XIVᵉ siècle. – **6.** Le meilleur footballeur du village, c'est moi. – **7.** Les Mexicains sont ceux qui travaillent le plus dans le monde. – **8.** Ceux qui travaillent le plus ne sont pas ceux qui gagnent le plus. – **9.** D'après certaines études, Paris serait la deuxième ville la plus chère du monde, derrière Singapour. – **10.** Quel est le plus mauvais film que vous avez vu cette année ? – **11.** Malte est le plus petit pays de l'Union européenne. – **12.** Boursorama.com a reçu le prix de la meilleure banque en ligne.

16. Les pronoms compléments. Exercices p. 99

1 *Transcription :*
« Pierre Imbert, tout le monde *l'*aime bien. Son travail, il *le* connaît sur le bout des doigts. Et puis, tu peux compter sur lui, si tu as un problème, tu vas *le* voir, il va faire son possible pour *t'*aider, pour *te* donner un coup de main. Nos difficultés au travail ? Il *les* comprend parfaitement. Je *le* trouve vraiment très sympa. »

2 **2.** En ce moment, il a des soucis. *Il en a.* – **3.** Il a énormément de qualités. *Il en a énormément.* – **4.** Marie pense qu'il n'a pas de défauts. *Marie pense qu'il n'en a pas.* – **5.** Pourtant, il boit trop de café. *Il en boit trop.* – **6.** Il mange des sucreries. *Il en mange.* – **7.** Bref, il a des défauts, mais il a peu de défauts. *Il en a, mais il en a peu.*

3 **1.** Marie, vous *la* connaissez ? – Oui, bien sûr, je *la* vois tous les jours. – **2.** Elle connaît l'anglais ? – Oui, elle *l'*écrit et *le* parle très bien. – **3.** Vous aimez ce tableau dans son bureau ? – Non, franchement, je ne *l'*aime pas du tout, je *le* trouve un peu déprimant. – **4.** Elle avait des visiteurs ce matin, vous *les* avez vus ? – Moi non, mais Pierre *en* a vu un. – **5.** Vous avez son mail ? – Oui, bien sûr, je *l'*ai, vous *le* voulez ?

1 *Propositions :*
1. Vous connaissez Pierre Imbert ? *Je le connais un peu.* – **2.** Est-ce qu'il a des lunettes ? *Non, il n'en a pas.* – **3.** Est-ce qu'il a une chemise bleue ? *Non, il en a une.* – **4.** Et vous, vous avez une chemise bleue ? *Oui, moi aussi, j'en ai une.* – **5.** Qu'est-ce que Marie pense de Pierre Duk ? *Elle en pense du bien, elle l'aime bien.* – **6.** Comment trouvez-vous ces exercices ? *Je les trouve assez intéressants.*

16. Les pronoms compléments. Exercices p. 101

1 1d – 2i – 3h – 4a – 5g – 6f – 7e – 8b – 9c.

2 *Transcription :*
1. A : Vous avez téléphoné à Bernardin ? – B : Je *lui* ai téléphoné ce matin. – **2.** A : Allô ! Qu'est-ce que tu dis ? – B : Je *te* demande si tu m'entends. – **3.** A : Qui se charge de la livraison ? – B : On s'*en* occupe. – **4.** A : Tu dis quoi à tes clients ? – B : Je *leur* dis la vérité. – **5.** A : Julie est restée au bureau ? – B : Oui, elle *y* est encore. – **6.** A : Le passeport est dans le sac ? – B : Oui, il *y* est. – **7.** A : Tu connais le mot de passe ? – B : Désolé, je ne m'*en* souviens plus. – **8.** A : Tu aimes bien le nouveau, non ? – B : J'avoue qu'il *me* plaît beaucoup – A : Il ressemble à Michel Dax. – B : C'est vrai qu'il *lui* ressemble. – **9.** A : Vous connaissez l'Espagne ? – B : Très bien, on *y* va souvent. – A : Et le Japon, vous connaissez ? – B : Justement on *en* vient. – **10.** A : Je me méfie des belles promesses. – B : Moi aussi, je m'*en* méfie.

3 *Propositions :*
1. Vous allez comment à votre travail ? – *J'y vais à pied.* – **2.** Votre bureau vous plaît-il ? – *Oui, il me plaît beaucoup, c'est un bureau clair et spacieux.* – **3.** De combien de téléphones avez-vous besoin ? – *J'en ai besoin de deux, un téléphone pour le travail et un autre pour mes communications privées.* – **4.** Vous pensez souvent à votre travail ? – *J'y pense beaucoup, j'ai un travail très prenant.* – **5.** Vous parlez beaucoup à vos collègues ? – *Je leur parle trop, je suis un peu bavard.* – **6.** Vous ne voulez pas changer de travail ? – *Non, j'ai la chance d'avoir un travail très intéressant et je ne veux pas en changer.* – **7.** Vous vous opposez parfois au directeur ? – *Il est un peu autoritaire, je préfère ne pas m'opposer à lui.* – **8.** Vous répondez immédiatement à vos mails ? – *Quand c'est important, j'y réponds tout de suite.*

16. Les pronoms compléments. Exercices p. 103

1 1e – 2c – 3d – 4f – 5a – 6b.

2 2. La situation ? *Je la leur ai expliqué en détail.* – 3. Son mail ? *Il a oublié de le lui demander.* – 4. Une brochure ? *Vous pouvez en prendre une.* – 5. La marchandise ? *Nous venons de la recevoir.* – 6. Mon salaire ? *Ils ne veulent pas l'augmenter.*

3 2. Combien de boîtes ? Nous lui *en* avons livré dix. – 3. Des échantillons ? Ils nous *en* ont donné quelques-uns. – 4. Les documents ? Je te *les* envoie tout de suite. – 5. Notre projet ? Je n'ai pas pu leur *en* parler. – 6. L'histoire ? Je vais vous *la* raconter. – 7. Son mail ? J'ai oublié de *le lui* demander. – 8. Votre argent ? Je ne peux pas *vous le* rendre tout de suite.

4 *Propositions :*
2. Le problème ? Nous l'avons résolu. – 3. La réunion ? Je ne peux pas y assister, il faudrait la reporter à jeudi prochain. – 4. Les impôts ? Je les ai déjà payés. – 5. Mon travail ? Je le fais consciencieusement. – 6. Mes collègues ? Je les vois tous les jours. – 7. Madame Bernardin ? Elle ne me parle plus. – 8. Des projets ? J'en ai plein la tête.

BILAN n° 5. Exercices p. 104

1 Dans le monde du travail, les hommes beaux sont perçus comme *plus* performants que les hommes laids et ils ont *plus de* chances de réussir. On leur prédit un *meilleur* mariage et une carrière *plus* brillante. *A contrario*, on pense qu'une belle femme n'est pas *aussi* performante qu'une femme laide. Les chasseurs de têtes redoutent que « le fond soit *moins* bon *que* la forme ».

2 1. On dit que le Grand Palace est l'hôtel *(luxueux)* **le plus luxueux** du monde. – 2. Une bonne nouvelle : la croissance est *(bon)* **meilleure** que prévu. – 3. La conférence est décevante, c'est *(intéressant)* **moins intéressant** que ce que je croyais. – 4. Les deux produits se valent, le PK2 est *(bon)* **meilleur** que le PK3. – 5. On voit qui est le directeur ici, il a le bureau *(spacieux)* **le plus spacieux** et *(bien équipé)* **le mieux équipé** de tous. – 6. Les résultats étaient mauvais au trimestre dernier, mais c'est encore *(mauvais)* **pire** ce trimestre. – 7. C'est un problème, mais c'est *(grave)* **moins grave** que ce que je craignais. – 8. Elle parle sans arrêt, c'est la personne *(bavarde)* **la plus bavarde** du bureau.

3 1. J'*en* ai contacté un : *un avocat* – 2. Je *la* trouve très intéressante : *son idée* – 3. Je n'*y* vais pas le week-end : *au bureau* – 4. Je *les* vois tous les jours : *Luc et Paul* – 5. J'*y* ai déjà répondu : *à leur mail* – 6. Il *en* boit souvent : *du café*.

BILAN n° 5. Exercices p. 105

(4) **1.** Dans votre entreprise, pour saluer une collègue de bureau, vous *l'embrassez* ou vous *lui serrez la main* ? – **2.** Quand vous avez une question pour le comptable, vous allez *le voir* ou vous *lui envoyez* un mail ? – **3.** Quand les clients ne paient pas, vous *les menacez* tout de suite ou vous *leur accordez* un délai de paiement ? – **4.** Quand votre chef se fâche contre vous, vous *lui répondez* ou vous *le laissez parler* ? – **5.** Quand l'un de vos collaborateurs travaille mal, vous *le licenciez* ou vous *lui donnez* une seconde chance ?

(5) *Propositions :*
2. J'*y* vais tous les jours : *Je vais tous les jours au gymnase.* – **3.** Nous allons *y* réfléchir : *Nous allons réfléchir à ce qui faut faire.* – **4.** J'*en* sors à l'instant : *Je sors à l'instant du bureau du directeur.* – **5.** Elle *en* est très contente : *Elle est très contente de son travail.* – **6.** Il y *en* a pour tout le monde : *Il y a de la place pour tout le monde.* – **7.** Elle *en* a trouvé un : *Elle a trouvé un travail.* – **8.** Il ne lui *en* a jamais parlé : *Il ne lui a jamais parlé de ses problèmes d'argent.*

(6) *Propositions :*
2. Tu en as parlé ? *Tu en as parlé au directeur ? Tu lui en as parlé ?* – **3.** Vous pouvez m'expliquer ? *Vous pouvez m'expliquer la leçon ? Vous pouvez me l'expliquer ?* – **4.** Ils refusent d'en donner. *Ils refusent d'en donner à ses collègues. Ils refusent de leur en donner.* – **5.** Je leur ai déjà montré. *Je leur ai déjà montré la nouvelle affiche. Je la leur ai déjà montrée.* – **6.** Nous allons leur communiquer. *Nous allons leur communiquer les résultats. Nous allons les leur communiquer.*

17. Le futur. Exercices p. 107

(1) *Transcription :*
1. Nous *renforcerons* la compétitivité de nos entreprises. – **2.** Nous *ouvrirons* des écoles. – **3.** Nous *contrôlerons* l'inflation. – **4.** Nous ne *tolérerons* pas les injustices. – **5.** Nous *aiderons* les familles défavorisées.

(2) *Exemples de promesses électorales :*
Nous réduirons la dette publique. Nous baisserons les impôts. Nous construirons des logements. Nous ouvrirons le droit au mariage des homosexuels. Nous augmenterons les allocations familiales. Nous baisserons le salaire des ministres. Nous créerons des postes pour la justice et la police.

3 2. Se lever : je me lève, je me lèverai, tu te lèveras. – **3.** Employer : j'emploie, j'emploierai, tu emploieras. – **4.** Essuyer : j'essuie, j'essuierai, tu essuieras. – **5.** Acheter : j'achète, j'achèterai, tu achèteras.

4 **3.** Nous pourrons livrer la marchandise demain : *possible* – **4.** Attention, vous tomberez : *impossible → vous allez tomber* – **5.** Regarde le ciel, il pleuvra : *impossible → il va pleuvoir* – **6.** En 2030, nous serons 9 milliards sur la terre : *possible* – **7.** Le salon de la mode se tiendra du 7 au 12 avril : *possible* – **8.** Je suis fatigué, je ferai une pause : *impossible → je vais faire une pause* – **9.** Nous réglerons la facture dès réception : *possible*.

18. Le passé composé. Exercices p. 109

1 **2.** Elle *a été* absente plusieurs fois sans justification. – **3.** Une entreprise concurrente *a embauché* votre femme. – **4.** Ils *ont dormi* pendant la réunion. – **5.** Vous *avez conduit* en état d'ivresse. – *Propositions :* **6.** Vous avez révélé à des tiers des documents confidentiels. Vous avez critiqué notre entreprise auprès des clients. Vous avez refusé d'effectuer un travail habituel. Vous avez empêché les non-grévistes de travailler. Vous avez créé une entreprise concurrente.

2 **1.** A : Vous avez insulté la directrice. – B : Non, je ne l'ai jamais *insultée*. – **2.** A : Tu n'as pas respecté les consignes. – B : Je les ai parfaitement *respectées*. – **3.** A : Vous avez perdu les dossiers de Paul. – B : C'est lui qui les a *perdus*. – **4.** A : Vous avez menti à madame Dumont. – B : Je ne lui ai jamais *menti*.

3 j'ai dit, j'ai consulté, j'ai supprimé, j'ai répondu, j'ai pris, on a bavardé, je lui ai donné, j'ai vu, nous avons eu, nous avons fait, j'ai envoyé, j'ai passé, j'ai reçu, j'ai déjeuné.

18. Le passé composé. Exercices p. 111

1 **1.** Alex rentre de Shanghai. *Alex est rentré de Shanghai.* – **2.** Tout se passe bien. *Tout s'est bien passé.* – **3.** Il passe au bureau. *Il est passé au bureau.* – **4.** Il monte au sixième étage. *Il est monté au sixième étage.* – **5.** Il tombe sur Bertin. *Il est tombé sur Bertin.* – **6.** Ils passent une heure ensemble. *Ils ont passé une heure ensemble.* – **7.** Lisa se marie avec Bertin. *Lisa s'est mariée avec Bertin.* – **8.** Julie s'occupe du séminaire. *Julie s'est occupée du séminaire.*

2 **1.** Désolé, madame, vous faites erreur – Excusez-moi, je *me suis trompée* de numéro. – **2.** Vous vous êtes rencontrées où ? – Nous *nous sommes* *connues* à Paris. – **3.** Vous êtes en retard, messieurs. – Nous **nous sommes perdus** dans les couloirs. – **4.** Vous **vous êtes adaptés** aux nouveaux horaires ? – Non, on se sent toujours fatigués. – **5.** Comment est-ce que ça *s'est passé* ? – À vrai dire, pas très bien. – **6.** Manuel, tu as trouvé une place ? – Pas de problème, je *me suis garé* en face du magasin. – **7.** Tu n'es pas très ponctuel. – Pourtant, je *me suis dépêché* pour arriver à l'heure.

3 *Propositions :*
2. Nous nous sommes disputés une seule fois au sujet d'un client. – **3.** Je suis descendu plusieurs fois dans un hôtel 4 étoiles et à chaque fois, je suis resté une seule nuit. – **4.** Je suis arrivé avec dix minutes de retard, comme tout le monde. La réunion s'est terminée vers 18 heures. – **5.** Je suis sorti à 18 heures, tout de suite après la réunion et je suis arrivé chez moi à 18 h 40. – **6.** Ce matin, je me suis levé à 7 heures et demie et je suis parti travailler à 8 heures et demie.

18. Le passé composé. Exercices p. 113

1 **2.** *Combien de temps est-ce que vous êtes resté chez KMG ?* – Trois ans. – **3.** *En quelle année est-ce que vous êtes rentré en France ?* – En 2010. – **4.** *Avec qui est-ce que vous avez créé Vancar ?* – Avec une ancienne camarade d'école. – **5.** *Pour quelle raison est-ce que vous vous êtes disputés ?* – Pour différentes raisons. – **6.** *À qui est-ce que vous avez vendu Vancar ?* – À un groupe japonais.

2 Comme Pierre Rossi, Charlotte Oger *(faire)* **a fait** ses études à l'école Polytechnique. Brillante élève, elle *(sortir)* **est sortie** major de sa promotion. Après l'école, elle *(partir)* **est partie** faire un tour du monde. Elle *(travailler)* **a travaillé** au Mexique, et c'est là qu'elle *(connaître)* **a connu** Marco, son mari. De retour en France (avec Marco), elle *(s'associer)* **s'est associée** à Pierre, un ancien camarade d'école, pour créer Vancar.
Mais au bout de trois ans, ils *(avoir)* **ont eu** quelques conflits et ils *(se séparer)* **se sont séparés.** Charlotte *(trouver)* **a trouvé** un travail dans une banque et Pierre *(prendre)* **a pris** seul la direction de Vancar. « Pierre et moi *(rester)* **sommes restés** de bons amis », précise Charlotte.

19. L'imparfait. Exercices p. 115

1 **2.** William écrit avec un ordinateur. Avant, *il écrivait sur une machine à écrire.* – **3.** Il fait des calculs sur son téléphone portable. Avant, *il faisait des calculs sur une grosse calculatrice.* – **4.** Son téléphone a de nombreuses fonctions. Avant, *son téléphone servait uniquement à téléphoner.*

2 finir : nous *finissons*, tu *finissais* – changer : nous *changeons*, elle *changeait* – annoncer : nous *annonçons*, elles *annonçaient* – payer : nous *payons*, nous *payions*.

3 *Proposition :*
Avant, on achetait son billet de train à la gare, on voyageait avec des cartes et des plans, on envoyait des lettres par la poste, on rencontrait ses amis dans les cafés, on regardait des films à la télévision, on lisait des livres en papier.

4 *Propositions :*
Employeur : *Avant je travaillais pour Peugeot, maintenant je travaille pour Ford.* – Ambitions : *Avant je voulais faire carrière dans une grande entreprise, aujourd'hui je veux créer mon entreprise.* – Habitudes de travail : *Avant j'arrivais à l'heure à mes rendez-vous, aujourd'hui je suis toujours en retard.* – Habitudes alimentaires : *Avant je buvais du vin à tous les repas, maintenant je bois de l'eau.* – D'autres changements ? *Avant je fumais deux paquets de cigarettes par jour, maintenant je ne fume plus du tout.*

19. L'imparfait. Exercices p. 117

1 **1.** *Situation à l'imparfait :* il était chauffeur routier, il passait sa vie sur les routes, il travaillait, son entreprise avait des dettes et elle allait fermer, « j'aimais bien mon patron ». – **2.** *Événements au passé composé :* il a joué au loto, il a gagné, il est devenu le patron, il a racheté l'entreprise, il a sauvé les vingt emplois, « je l'ai gardé ».

2 *Transcription :*
a. J'ai travaillé. Je travaille. Je travaillais. – **b.** Je regardais. Je regarde. J'ai regardé. – **c.** Il se dépêche. Il s'est dépêché. Il se dépêchait – **d.** Tu te réveillais. Tu te réveilles. Tu t'es réveillé.
Réponses : a. 2, 1, 3 – b. 2, 3, 1 – c. 1, 2, 3 – d. 2, 3, 1.

3 Clara *a travaillé* dans une agence de voyage. L'ambiance *était* bonne. Clara *avait* beaucoup d'ambition. Mais la crise *est arrivée* et Clara *a perdu* son emploi. Alors, avec un ancien collègue, ils *ont créé* leur propre agence. Ils *se sont spécialisés* dans le voyage de noces. En 10 ans, ils *sont devenus* la troisième agence de voyages de leur secteur.

4 *Propositions :*
1. Hier, Jacques *était* malade, il *est resté* chez lui. – **2.** Hier, Lucie *est arrivée* en retard parce qu'il *y avait* des embouteillages. – **3.** Madame Bernardin *a appelé* quand vous *étiez* en réunion. – **4.** On *a ouvert* la fenêtre parce qu'il *avait* chaud. – **5.** On *a offert* un cadeau à Jean-Paul, c'*était* son anniversaire.

5 *Propositions :*
1. Hier, il était plus de 10 heures quand je suis arrivé au bureau. – **2.** Quand le directeur est entré, je faisais une partie d'échecs sur l'ordinateur. – **3.** J'ai rencontré un client allemand qui parlait très bien français.

BILAN n° 6. Exercices p. 118

1 *Phrases à supprimer :* Les femmes absorberont de petites pilules pour choisir le moment de la naissance de leur enfant. – On réglera ses achats au moyen d'une petite carte qui contiendra des informations sur son propriétaire.

2 Le séminaire sur les nanotubes *(avoir lieu)* **aura lieu** le 9 octobre. Nous *(avoir)* **aurons** une réunion préparatoire le 3 septembre dans la salle polyvalente. Ce *(être)* **sera** en fin de soirée, je te *(confirmer)* **confirmerai** l'heure précise dès que possible. J'espère que tu *(pouvoir)* **pourras** venir, c'est important. Nous *(devoir)* **devrons** adopter le programme définitif et Yamina nous *(présenter)* **présentera** les grandes lignes de sa conférence. Je pars demain pour Rabat. Je *(être)* **serai** de retour au labo jeudi matin. À bientôt, JP

BILAN n° 6. Exercices p. 119

4 **2.** Excusez-moi, je *(se tromper)* **me suis trompé** de numéro. – Ce n'est rien, monsieur. – **3.** Est-ce que tu *(rentrer)* **as rentré** la voiture au garage ? – **4.** Hier, j'étais fatiguée, je *(se reposer)* **me suis reposée**. – **5.** Elle *(devenir)* **est devenue** la patronne, mais elle *(rester)* **est restée** très simple. – **6.** Paul, tu *(passer)* **es passé** au bureau ce matin ? – **7.** Il *(prendre)* **a pris** rendez-vous avec le directeur.

5 **1.** J'ai assisté à beaucoup de réunions cette année : **?** – **2.** On est arrivées hier soir à Pékin : **F** – **3.** Je vous ai envoyé la facture : **?** – **4.** Je suis retourné une seule fois au Mexique : **H** – **5.** Je ne l'ai jamais rencontrée : **?** – **6.** Je lui ai dit la vérité : **?**

6 **3.** A : Je ne trouve plus les clés. – B : Tu ne les as **perdues**, j'espère. – **4.** A : Tu as vu les nouveaux bureaux ? – B : Oui, je les ai **vus** hier. – **5.** A : Il vous reste des fraises ? – B : Désolé, je les ai toutes **vendues**. – **6.** A : Tu as appelé madame Fisher ? – B : Oui, je l'ai **appelée** ce matin. – **7.** A : Vous avez écrit à madame Picot ? – B : Je lui ai **envoyé** un mail. – **8.** A : Je dois faire ma valise. – B : Moi, ça y est, je l'ai **faite**.

7 *Propositions :*
2. L'ambiance au bureau n'est plus la même. ***Elle a changé après l'arrivée du nouveau directeur.*** – **3.** Le directeur est de bonne humeur. ***Il a obtenu***

une promotion. – **4.** Tu peux me prêter ton téléphone ? *J'ai oublié le mien chez moi.* – **5.** Elle est vraiment riche. *Elle a fait de très bons investissements.* – **6.** Il est pauvre. *Il s'est ruiné au jeu.* – **7.** Ils sont très déçus. *La banque a refusé de leur accorder le prêt.*

BILAN n° 6. Exercices p. 120

8 *Propositions :*
2. Je l'ai rencontré quand *je travaillais à Genève.* – **3.** Ils ont évacué l'immeuble parce qu'*il y avait une odeur suspecte.* – **4.** Il a vendu ses actions parce qu'*il avait besoin d'argent.* – **5.** Ils ont dû retirer le produit du marché parce qu'*il présentait un risque pour la santé.*

9 **1.** a. Je suis revenue de Mexico hier matin. – **2.** b. Pour une fois, l'avion était à l'heure. – **3.** a. Mon séjour s'est bien passé. – **4.** a. Nous avons signé le contrat. – **5.** c. Je te raconterai les détails demain.

BILAN n° 6. Exercices p. 121

11 Ça *s'est passé* peu après le déjeuner. On *était* en plein été, il *faisait* chaud, l'air conditionné ne *fonctionnait* pas. Alors qu'il *réalisait* un virement de 62,40 € pour le compte d'un client, Antoine, employé dans une banque allemande, *s'est endormi* sur la touche « 2 » du clavier de son ordinateur. Quelques secondes plus tard, quand il *est sorti* de sa petite sieste, il *a validé* par réflexe un virement de 22 222 222 €. Rebekka, sa collègue, *était* chargée de surveiller les ordres bancaires. Mais où *était*-elle ? Que *faisait*-elle ? *Dormait*-elle aussi ? *Était*-elle encore en train de tapoter sur son téléphone ? En tout cas, elle *n'a pas vu* l'erreur et l'employeur *l'a licenciée* pour faute grave. Antoine a plus de chance : il *a reçu* un avertissement, mais il *n'a pas perdu* son travail. Pour le client lésé, tout *s'est arrangé* et il *n'a pas eu* de mauvaise surprise. La banque *a découvert* l'erreur à temps et *a pu* annuler la transaction.

20. La gamme des temps. Exercices p. 123

1 **2.** il sait : *il avait su, il aura su* – **3.** elle vient : *elle était venue, elle sera venue* – **4.** je me présente : *je m'étais présenté(e), je me serai présenté(e)* – **5.** ils vendent : *ils avaient vendu, ils auront vendu* – **6.** tu sors : *tu étais sorti(e), tu seras sorti(e)*

2. H : Je vous ai appelé trois fois ! – F : J'*étais partie* à l'étranger. – **3.** H : Le directeur est de mauvaise humeur. – F : Je t'*avais prévenu.* – **4.** H : Elle avait l'air fatiguée hier matin. – F : Elle *a passé* la nuit dans l'avion.

2. Je t'explique quand j'ai compris. *Je t'expliquerai quand j'aurai compris.* – **3.** Je pars quand vous m'avez répondu. *Je partirai quand vous m'aurez répondu.* – **4.** Je vous réponds quand vous vous êtes calmé. *Je vous répondrai quand vous vous serez calmé.* – **5.** Tout va bien quand tu t'es habitué au travail. *Tout ira bien quand tu te seras habitué au travail.* – **6.** Ils nous préviennent quand ils sont partis. *Ils nous préviendront quand ils seront partis.* – **7.** J'achète le billet dès que je reçois l'argent. *J'achèterai le billet dès que j'aurai reçu l'argent.*

Propositions :
1. Il m'a remboursé tout l'argent qu'il *m'avait emprunté.* – **2.** Je signerai après que *notre avocat aura donné son avis.* – **3.** Quand je suis arrivé, la réunion *était déjà terminée.* – **4.** Je suis retourné au bureau parce que *j'avais oublié mon parapluie.* – **5.** Nous livrerons la marchandise quand *nous aurons reçu votre paiement.* – **6.** Nous arrêterons la grève quand *la direction aura accepté nos revendications.* – **7.** Elle vous enverra son rapport *dès qu'elle l'aura terminé.* – **8.** Je te donnerai mon avis *quand j'aurai lu le rapport.* – **9.** Nous paierons *dès que nous aurons reçu la facture.*

21. Les indicateurs de temps (2). Exercices p. 125

2. Il y deux mois, le club a embauché l'entraîneur Alberto Bassani. – **3.** L'été dernier, la direction a versé des primes de match à tous les joueurs. – **4.** Il y a un an, le club a perdu 60 millions d'euros.

• *il y a / dans :* **2.** Il était là *il y a* cinq minutes. – **3.** *Dans* une semaine, je serai en vacances. – **4.** J'ai changé de travail *il y a* six mois. – **5.** Je dois y aller, j'ai une réunion *dans* cinq minutes.
• *à ce moment-là / en ce moment :* **6.** Ça va ? Qu'est-ce que tu fais *en ce moment ?* – **7.** *En ce moment,* les actions sont au plus bas, je vous conseille d'acheter. – **8.** *À ce moment* il ne savait plus quoi faire. – **9.** Elle était en train de dormir et *à ce moment,* devine qui arrive ? – **10.** *À ce moment* je suis tombé sur le patron.

Transcription :
3. 1. Vous seriez disponible *ce soir* ? – **2.** Qu'est-ce que tu as fait *aujourd'hui* ? – **3.** Nous avons une réunion *après-demain* à 10 heures. – **4.** *La semaine prochaine,* je serai très occupé. – **5.** J'ai eu un entretien le 1er avril, j'ai été embauchée *ce jour-là* et j'ai commencé à travailler *le lendemain.* – **6.** *Mardi,* j'ai un rendez-vous avec madame Bertin. – **7.** Pierre n'a pas l'air en forme *ces temps-ci.*

21. Les indicateurs de temps (2). Exercices p. 127

① *Propositions :*
2. *Jusqu'à quelle date va-t-elle travailler ?* – Elle va travailler jusqu'au 31 octobre. – **3.** *En combien de temps doit-elle déjeuner ?* – Elle doit déjeuner en une heure. – **4.** *Combien de temps dure le préavis ?* – Le préavis ? Il dure deux semaines. – **5.** *De quelle date à quelle date dure le préavis ?* – Du 1er au 14 juin.

② **1.** L'entretien d'embauche a duré *de* 11 heures *à* midi. – **2.** Julie a travaillé jusqu'*à* la fin octobre. – **3.** Elle était en période de préavis jusqu'*au* 14 juin. – **4.** Son patron prend des vacances *du* 3 juillet *au* 22 juillet. – **5.** Sa collègue Amélie partira bientôt *pour* deux semaines. – **6.** Et vous, *de* quelle date *à* quelle date partez-vous en vacances ?

③ **3.** PARTIE 1 : **1.** Julie a travaillé *pendant* cinq mois chez KM7. –**2.** Elle devait travailler *de* 9 heures *à* 17 heures, mais en réalité elle travaillait souvent *jusqu'à* 19 heures ou même plus tard. – **3.** Elle avait droit à une pause déjeuner d'une heure, mais en réalité elle devait déjeuner *en* une demi-heure. – **4.** Elle travaillait même *pendant* les week-ends.
PARTIE 2 : **1.** Aujourd'hui, Julie prépare un voyage. En effet, *dans* deux semaines, elle sera au Canada. – **2.** Une entreprise québécoise l'a embauchée *pour* une durée d'un an (renouvelable). – **3.** Julie connaît le Canada. Avec un ami, elle y avait voyagé avec un ami *pendant* l'été 2012 (*du* début du mois de juillet *à* la fin du mois de septembre). – **4.** Ils avaient fait le tour du pays : 10 000 kilomètres *en* trois mois ! – **5.** Quand elle a reçu l'offre d'emploi de cette entreprise québécoise, elle n'a pas hésité : elle a pris sa décision *en* cinq minutes.

21. Les indicateurs de temps (2). Exercices p. 129

① Vrai : 1, 2, 3 – Faux : 4, 5.

② *Propositions :*
2. Je vis et travaille en France depuis quinze ans. – **3.** Je travaille pour Bricorama, un magasin de bricolage, depuis dix ans. – **4.** J'occupe le poste de directeur commercial depuis trois ans.

③ *Propositions :*
2. Il y a quinze ans que je vis et travaille en France. – **3.** Il y a dix ans que je travaille pour Bricorama, un magasin de bricolage. – **4.** Il y a trois ans que j'occupe le poste de directeur commercial.

④ **1.** Ça fait plusieurs années qu'elle *travaille* en Espagne. – **2.** Elle *a changé* de travail depuis le 1er septembre. – **3.** Ça fait deux jours qu'elle *est arrivée* dans le service. – **4.** Ils *cherchent* un comptable depuis deux mois. – **5.** Vous êtes en retard, ça fait bien une heure qu'on vous *attend*. – **6.** Ça fait trois semaines qu'il *a passé* un entretien d'embauche et qu'il *attend* une réponse.

21. Les indicateurs de temps (2). Exercices p. 131

① *Propositions :*
2. Je ne mange jamais devant mon ordinateur. – **3.** Je quitte parfois le bureau après 19 heures. – **4.** Je travaille toujours chez moi le week-end. – **5.** Je parle parfois de mon travail à mes amis. – **6.** Je travaille souvent pendant mes vacances.

② **2.** Il n'est jamais arrivé en retard aux réunions. – **3.** Il a toujours rêvé d'être médecin. – **4.** Elle ne s'est jamais plainte de son patron. – **5.** Elles se sont souvent vues à Paris.

③ *Propositions :*
2. 2014, 2015, 2016, 2017 : On fait le bilan *une fois par an / tous les ans*. – **3.** 9h00, 15h00 : Le facteur passe *deux fois par jour*. – **4.** lundi 6h00, mardi 6h00 : Ils font le ménage *tous les jours*. – **5.** 8 et 20 mars, 3 et 22 avril : On déjeune ensemble *deux fois par mois*. – **6.** samedi, lundi, mercredi… : Je fais un jogging *tous les deux jours*.

④ *Propositions :*
1. Est-ce que vous fumez au bureau ? – *Je ne fume jamais au bureau.* – **2.** Vos réunions sont-elles utiles ? – *Malheureusement, elles sont rarement utiles.* – **3.** Quand vous prenez l'avion, voyagez-vous en classe affaires ? – *Quand je prends l'avion, je voyage très rarement en classe affaires.* **4.** Allez-vous au travail en voiture ? – *Oui, j'y vais toujours en voiture.*

22. L'impératif. Exercices p. 133

① *Transcription :*
Six conseils pour parler en public – **1.** *Structurez* votre intervention : *bâtissez* un plan cohérent et *suivez*-le. – **2.** *Ayez* un objectif clair et *concentrez-vous* sur cet objectif. – **3.** *Choisissez* votre position : *restez* assis ou debout, mais ne *changez* pas de position toutes les deux minutes. – **4.** *Habillez-vous* avec les vêtements que vous aimez. – **5.** *Buvez* régulièrement : si vous êtes maladroit, ne *placez* pas le verre et la bouteille trop près de vous. – **6.** *Sachez* gérer votre temps : *estimez* le temps nécessaire à votre prestation et ne le *dépassez* pas.

2. 1. Tu veux lire tes notes ? *Lis-les*, mais *ne les lis pas trop.* – **2.** Tu veux donner des chiffres ? *Donnes-en* mais *n'en donne pas trop.* – **3.** Tu veux improviser ? *Improvise*, mais *n'improvise pas trop.* – **4.** Tu veux faire des pauses ? *Fais-en* mais *n'en fais pas trop.* – **5.** Tu veux ouvrir les bras ? *Ouvre-les*, mais *ne les ouvre pas trop.* – **6.** Tu veux te détendre ? *Détends-toi*, mais *ne te détends pas trop.* – **7.** Tu veux utiliser des visuels ? *Utilises-en*, mais *n'en utilise pas trop.*

3. *Propositions :*
1. J'ai le trac. – *Respire, détends-toi, fais des exercices de respiration, inspire profondément en comptant jusqu'à 10.* – **2.** Je ne connais pas la salle. – *Visite-la avant ton intervention, observe la disposition des lieux, mets-toi à l'endroit où tu vas parler, imagine le public.* – **3.** Je perds le fil de mes idées. – *Prépare soigneusement ton intervention, enregistre-toi, et pendant que tu parles utilise tes notes, utilise-les comme d'un fil conducteur, mais ne lis pas ton discours.* – **4.** On ne m'entend pas. – *Parle fort, plus fort que d'habitude, mais ne crie pas.* – **5.** Mon public s'endort. – *Mets de la passion dans ton propos, parle avec énergie, avec enthousiasme, et même avec un peu d'émotion, raconte une anecdote, regarde ton public.*

BILAN n° 7. Exercices p. 134

1. Quand vous serez de retour, je serai en voyage.

2. **2.** Vous changerez d'avis quand vous *aurez parlé* au directeur. – **3.** Je t'appellerai quand je *serai sorti* du bureau. – **4.** Tu me réveilleras quand il *aura terminé* son discours. – **5.** Ils nous préviendront quand ils *auront pris* une décision. – **6.** Nous lui enverrons la marchandise dès qu'elle *aura réglé* la facture. – **7.** Écoutez, madame, on continuera cette conversation quand vous vous *serez calmée.*

3. *Transcription :*
Il y a un an environ, quand il *a pris* ses fonctions de directeur, mon chef m'*a envoyé* un mail pour se présenter. Il *avait fait* une bonne dizaine de fautes d'orthographe ! J'*ai voulu* transférer le mail à des collègues en me moquant de son niveau de français. Mais au lieu de faire « transférer », j'*ai fait* « répondre » et c'est le directeur qui *a reçu* mon mail. Eh bien, vous savez quoi ? Ce monsieur *a menacé* de me licencier pour cette seule raison, simplement parce que je *m'étais moqué* de ses fautes d'orthographe. Depuis ce jour, il me fait la tête.

BILAN n° 7. Exercices p. 135

④ *Transcription :*
J'ai travaillé chez Robillard **pendant** trois ans. Maintenant, **depuis** trois mois, je travaille chez Leroy, au service facturation. Je suis très contente de mon nouveau travail. Chez Robillard, franchement, c'était l'enfer ! **Il y a** deux jours, c'est-à-dire **avant-hier,** j'ai rencontré Florian Bonnet dans la rue, par hasard. C'est un ancien collègue de chez Robillard. Il y est toujours, mais pas **pour** longtemps. **Ça fait** un mois **qu'**il a envoyé sa lettre de démission. Son préavis se termine **dans** deux jours, c'est-à-dire **après-demain.** Il aura tenu trois ans chez Robillard, comme moi. **En ce moment,** ça bouge chez Robillard. **En** seulement deux semaines, quatre personnes ont démissionné. C'est Bonnet qui m'a raconté ça.

⑤ *Propositions :*
1. Ça fait combien de temps que Camille travaille chez Leroy ? – **Ça fait trois mois.** – **2.** Combien de temps est-elle restée chez Robillard ? – **Elle y a travaillé pendant trois ans.** – **3.** C'est bien hier qu'elle a rencontré Florian Bonnet ? – **Non, c'était il y a deux jours, c'est-à-dire avant-hier.** – **4.** Il y a longtemps que Florian Bonnet a démissionné ? – **Il a démissionné il y a un mois.** – **5.** Qu'est-ce que Florian Bonnet fait en ce moment ? – **En ce moment il travaille chez Robillard.** – **6.** Combien de temps Bonnet sera-t-il resté chez Robillard ? – **Il y sera resté trois ans.** – **7.** Qu'est-ce qui s'est passé en deux semaines chez Robillard ? – **En deux semaines, quatre personnes ont démissionné.**

⑥ **1.** Le client Bernardin paie **très rarement** dans les délais. – **2.** Félix Potin paie **rarement** dans les délais. – **3.** Balladur paie **le plus souvent** dans les délais. – **4.** Bontour ne paie **jamais** dans les délais. – **5.** KM3 paie **toujours** dans les délais. – **6.** J. C. Mangin paie **quelquefois** dans les délais.

23. Le conditionnel. Exercices p. 137

① Pourquoi les salariés désagréables **gagneraient**-ils mieux leur vie que les « gentils » ? D'abord, parce qu'ils **négocieraient** mieux leur salaire. De plus, leur attitude arrogante leur **donnerait** une image de travailleur plus compétent. Cet écart de salaire **concernerait** surtout les hommes. En effet, il y **aurait** peu de différence de salaire entre une femme aimable et une femme désagréable au travail.

② *Transcription :*
A : On **pourrait** se voir ? – B : Oui, bien sûr. Quel jour vous **conviendrait** ? – A : Demain, ce **serait** possible ? – B : Pas de problème, vous **préféreriez** le matin ou l'après-midi ? – A : Je **préférerais** le matin. – B : Quelle heure

vous **arrangerait** ? – A : 8 heures, ça **irait** ? – B : 8 heures ? Vous **pourriez** un peu plus tard ?

3 *Propositions :*
2. Au restaurant : *Je pourrais avoir l'addition, s'il vous plaît ?* – **3.** Au bureau : *Pourriez-vous m'apporter le dossier de Martin ?* – **4.** Dans un taxi : *Vous pourriez me faire un reçu, s'il vous plaît ?*

4 *Propositions :*
2. Elle arrive tous les jours en retard. *Elle devrait se lever un peu plus tôt.* – **3.** Il n'y a pas assez de personnel. *Il faudrait embaucher au moins trois personnes.* – **4.** Je ne supporte plus mon chef. *Tu pourrais demander de changer de service.* – **5.** La machine à café est en panne. *Ce n'est pas la première fois, il faudrait acheter une nouvelle machine.* – **6.** C'est trop cher. *Il faudrait négocier un meilleur prix.* – **7.** Il est incompétent. *On devrait le licencier.* – **8.** Le patron est de mauvaise humeur. *Tu devrais attendre un peu avant de lui parler.*

23. Le conditionnel. Exercices p. 139

1 **2.** aurait tenté → tenterait – **3.** aurait fait → ferait – **4.** aurait rejeté → rejetterait.

2 **2.** Je serais → J'aurais été – **3.** Nous aurions → Nous aurions eu – **4.** Il faudrait → Il aurait fallu – **5.** Je préférerais → J'aurais préféré – **6.** Tu pourrais → Tu aurais pu – **7.** Je devrais → J'aurais dû – **8.** Vous viendriez → Vous seriez venu – **9.** Vous diriez → Vous auriez dit – **10.** Il se tromperait → Il se serait trompé.

3 **2.** Ils leur auraient offert deux millions d'euros : *Possibilité* – **3.** J'aurais préféré ne pas venir : *Regret* – **4.** J'aurais voulu changer de bureau : *Regret*.

4 **2.** Elle achetait ses produits trop cher, *elle aurait dû changer de fournisseur.* – **3.** Les marges étaient trop faibles, *elle aurait pu augmenter les prix.* – **4.** En été, il faisait trop chaud dans la salle, *il aurait fallu installer la climatisation.*

5 *Propositions :*
1. J'aurais voulu *donner mon avis*, mais je n'ai pu rien dire. – **2.** Il aurait aimé *rester*, mais il a dû partir. – **3.** Elle travaille dans la finance, mais elle aurait *voulu être médecin.* – **4.** Elle aurait *préféré décliner son invitation*, mais elle n'a pas osé. **5.** Elle *aurait voulu assister à la réunion*, mais elle n'était pas invitée.

23. Le conditionnel. Exercices p. 141

1 1d – 2a – 3e – 4b – 5c.

2 *Propositions :*
1. Si vous n'**êtes** pas content, adressez-vous au directeur. – **2.** Si on **prenait** un taxi, on arriverait au bureau plus tôt – **3.** Si tu **étais arrivé** plus tôt, tu aurais pu voir Florian. – **4.** Franchement, je ne sais pas. Si je le **savais,** je vous le dirais. – **5.** Si vous **pouvez** attendre dix minutes, je vous ramène en voiture. – **6.** Elle nous **serait** très utile si nous l'embauchions.

3 **1.** Selon la direction, si on **adoptait** le système des horaires variables, la productivité augmenterait, on **réduirait** l'absentéisme, le personnel **éviterait** les heures de pointe et **perdrait** moins de temps dans les transports. – **2.** Si tu ne te **sens** pas bien demain, **reste** chez toi et va voir un médecin. – **3.** Si la réunion **avait commencé** à l'heure, on **aurait terminé** plus tôt et on serait déjà parti. – **4.** Si vous **faites** aussi bien le semestre prochain, vous **atteindrez** vos objectifs, vous les dépasserez même. – **5.** Qu'est-ce que tu **dirais** si le directeur te **demandait** ton avis ? Est-ce que tu parlerais franchement ?

4 *Propositions :*
1. Je ne travaillerais pas si *je n'avais pas besoin d'argent.* – **2.** Si je continue à apprendre le français, *je parlerai bientôt couramment.* – **3.** Je prendrais un jour de congé si *je pouvais.* – **4.** J'aurais assisté à la réunion si *j'avais pu.* – **5.** S'il n'avait pas gagné au loto, *il ne serait pas aussi riche.* – **6.** Si on m'offrait un emploi mieux payé, *je démissionnerais.*

24. Le discours indirect. Exercices p. 143

1 **2.** Nous sommes en rupture de stock. Elle répond **qu'**ils sont en rupture de stock. – **3.** Pourquoi ne m'avez-vous pas prévenu ? Il demande **pourquoi** on ne l'a pas prévenu. – **4.** Qu'est-ce que vous me proposez ? Il demande **ce que** nous lui proposons. – **5.** Je peux avoir un rabais ? Il veut savoir **s'**il peut avoir un rabais. – **6.** Ne criez pas, s'il vous plaît ! Elle lui demande **de** ne pas crier.

2 **2.** Moi : « *Garcia est une entreprise sérieuse, vous pouvez avoir confiance. Ne vous inquiétez pas, vous allez bientôt recevoir les brouettes.* » – **3.** M. Babin : « *Qu'est-ce que je dois faire ? Est-ce que je dois annuler la commande ? Je n'ai plus confiance, je ne leur commanderai plus jamais rien.* »

3 J'ai reçu un mail de Pierre Roussel. Il dit qu'il **a bien reçu les rideaux.** Toutefois, il dit qu'il **a commandé deux rideaux verts** et que nous *lui avons envoyé deux rideaux noirs.* En conséquence, il nous demande *de lui expédier les articles qu'il a commandés.* Il dit que, de son côté, il *nous retournera les rideaux noirs par tout moyen que nous voudrons bien lui préciser.*

24. Le discours indirect. Exercices p. 145

① **1.** Jessica : « *Les résultats sont excellents, les ventes ont augmenté de 8 %.* » – **2.** Jessica : « *Les ventes ont explosé à Noël, décembre est le meilleur mois.* » – **3.** Jessica : « *Le PK8 sortira en mars, il n'y aura pas de retard.* » – **4.** Jessica : « *Je suis optimiste, je pense que nous ferons encore mieux avec le PK8.* » – **5.** Jessica : « *Nous embaucherons de nouveaux vendeurs, j'ai déjà vu des candidats.* » – **6.** Jessica : « *Pierre Dumont part à la retraite en juin, Marine Duk le remplacera.* »

② **1.** *Il m'a dit qu'il partait ce soir, qu'il avait un avion à 10 h 00, qu'on verrait plus tard.* – **2.** Elle nous a fait remarquer *qu'il y avait des problèmes, que les ventes avaient baissé, qu'il faudrait comprendre pourquoi.* – **3.** Il a prétendu *qu'il ne se souvenait plus, qu'il était désolé, qu'il avait complètement oublié.* – **4.** Pauline m'a dit *que Jessica avait téléphoné, qu'elle avait raté son avion et qu'elle était bloquée à Moscou.* – **5.** Elle savait que *Mathieu ne viendrait pas demain, qu'il avait eu un accident et qu'il était à l'hôpital.* – **6.** Elle voulait savoir *si la réunion s'était bien passée, à quelle heure vous étiez sortis, si Pierre était là.* – **7.** Il m'a demandé *si je connaissais l'assistante de Jessica, ce que j'en pensais, si je la trouvais sympa.* – **8.** Elle m'a demandé *ce que je faisais, si je serais bientôt prêt, si j'avais l'heure.* – **9.** Il voulait savoir *s'ils avaient prévu ce problème, ce qu'ils avaient proposé comme solution.* – **10.** Elle nous a demandé *si on avait vu / si nous avions vu Florian, s'il venait au pot de Bertin ce soir.*

25. Le passif. Exercices p. 147

① La carte de fidélité Camaïeu ***est délivrée*** gratuitement pour tout achat dans le réseau Camaïeu. Elle ***est proposée*** par l'hôtesse de vente ou ***demandée*** par toute personne, hors membre du personnel, lors d'un achat dans le réseau Camaïeu. Pour être valable, elle doit ***être activée*** sur www.camaïeu.fr.

La carte de fidélité Camaïeu permet de cumuler des points lors de chaque achat dans le réseau Camaïeu, même pendant les soldes. Elle est strictement personnelle et ne peut pas ***être cédée***. Elle est valable de façon illimitée dans tout le réseau Camaïeu.

(2) *Passé :* 3 – *Présent :* 2, 5 – *Futur :* 1, 4.

(3) Une partie de la production *va être délocalisée* par la société Bayard. Le projet *a été présenté* au Conseil d'administration par monsieur Weber. Plusieurs propositions *ont été examinées*. Le site de Wuhan, en Chine, *a* finalement *été choisi*. La décision *a été prise* à l'unanimité. La nouvelle usine *sera inaugurée* par monsieur Weber. Plus de 100 ouvriers *vont être embauchés*. Ses produits *seront vendus* dans plusieurs pays d'Asie.

BILAN n° 8. Exercices p. 148

(1) Selon une étude de l'Institut de management, les sourires forcés au travail *auraient* des conséquences néfastes sur la santé. Ainsi les sourires forcés des hôtesses de l'air *causeraient* du stress, voire des problèmes cardiaques. Le sourire au travail *serait* une bonne chose, à condition d'être (un peu) sincère. Il ne *faudrait* donc pas sourire par obligation.

(2) **1.** Si on ne réserve pas rapidement, l'hôtel *sera* complet. – **2.** Si on était arrivés une minute plus tard, ils *seraient partis* sans nous. – **3.** Si vous commandez avant la fin du mois, vous *bénéficiez* d'une réduction de 10 %. – **4.** Si je payais au comptant, vous me *feriez* quelle réduction ? – **5.** Si vous changez d'avis, *appelez-moi.*

(3) 1b – 2a – 3e – 4c – 5d.

BILAN n° 8. Exercices p. 149

(4) *Propositions :*
2. Si mon plus proche collègue se mariait, je lui ferais un beau cadeau de mariage. – **3.** Si j'avais la grippe, j'appellerais un médecin et je n'irais pas travailler. – **4.** Si ma conjointe était mutée en France, je la suivrais sans hésiter. – **5.** Si mon travail ne me plaisait plus, j'en chercherais un autre. – **6.** Si je ratais mon avion, je prendrais un autre vol.

(5) **1. a.** Est-ce qu'ils ont fait une enquête de marché ? *Non* – **b.** Est-ce qu'ils ont lancé le nouveau produit ? *Oui* – **2. a.** Est-ce que Max est arrivé à l'heure à la réunion ? *Non* – **b.** Est-ce qu'il a entendu le Président ? *Non.*

(6) **2.** Qu'est-ce qu'il a commandé ? Tu peux nous dire *ce qu'il a commandé.* – **3.** Fais une réclamation. Je te conseille *de faire une réclamation.* – **4.** Ne paie pas tout de suite. Je te conseille *de ne pas payer tout de suite.* – **5.** Est-ce qu'il y a une réduction ? Je ne sais pas *s'il y a une réduction.* –

6. Qui est-ce ? Tu peux me dire *qui c'est*. – **7.** Tu penses terminer à quelle heure ? J'aimerais savoir *à quelle heure tu penses terminer*. – **8.** Est-ce que tu as compris ? Je te demande *si tu as compris*. – **9.** Qu'est-ce que tu en penses ? J'aimerais bien savoir *ce que tu en penses*. – **10.** Soyez prudent ! Je vous conseille vivement *d'être prudent*.

BILAN n° 8. Exercices p. 150

7 « Yves m'a demandé d'entrer. Il m'a dit qu'il voulait me voir. Il m'a demandé comment s'était passé mon voyage à Séoul. Il m'a proposé de m'asseoir et m'a demandé si je voulais un café. Il m'a demandé si j'avais pu rencontrer monsieur Kim, ce qu'il avait dit, s'il était d'accord avec notre projet, ce que j'en pensais. Il m'a dit qu'il fallait faire vite, que nous aurions une réunion demain à 9 heures, que vous alliez préparer le contrat et que nous l'enverrions à monsieur Kim à la fin de la semaine. Il m'a dit que je retournerais en Corée le mois prochain.

8 *Propositions :*
2. Le deuxième voyageur lui a demandé *comment on pouvait aller au terminal 3.* – **3.** Le troisième voyageur lui a demandé *où il pouvait changer de l'argent.* – **4.** Le quatrième voyageur lui a demandé *où il pouvait laisser ses bagages.* – **5.** Le cinquième voyageur lui a demandé pourquoi *les Anglais roulaient à gauche.*

BILAN n° 8. Exercices p. 151

9 La météo maussade des trois derniers mois *a pénalisé* les ventes de produits d'été. Des températures anormalement basses *ont marqué* le mois d'août. Les consommateurs *ont boudé* les glaces, les sodas et les bières.

10 **1.** Le président est nommé par le conseil. – **2.** La société LVMH a été créée par Bernard Arnaud. – **3.** Leurs voitures sont fabriquées en Slovénie. – **4.** Le siège social va être transféré à Montréal. – **5.** Le nouvel hôpital sera inauguré par monsieur Martin. – **6.** Une nouvelle molécule a été découverte par Techgène. – **7.** Elle a été licenciée pour incompétence.

11 En France, les hôtels *sont classés* par nombre d'étoiles. Pour *être classé*, l'hôtelier doit demander une inspection de son hôtel. Cette inspection *est faite* par un cabinet d'audit privé et elle *est agréée* par un organisme officiel, le Comité français d'accréditation (COFRAC). Un inspecteur *visite* l'hôtel et *attribue* un nombre d'étoiles. Les étoiles *sont accordées* pour une durée de cinq ans.

26. Les relatifs. Exercices p. 153

① La formation continue concerne ceux *qui* ont quitté la formation initiale. Elle permet aux personnes *qui* sont déjà dans la vie active d'améliorer leurs compétences ou de s'adapter aux nouvelles technologies. Les publics *que* les formateurs accompagnent au cours des stages de formation sont très différents des publics *qu'*on rencontre à l'école ou à l'université.

② **3.** C'est eux qui devraient investir dans les pays émergents. – **4.** C'est Pierre Duk qui a le mieux analysé la dernière crise. – **5.** C'est moi qui ai décidé d'embaucher la stagiaire.

③ **2.** J'ai un collègue *qui travaille depuis 25 ans et qui n'a jamais bénéficié d'une formation.* – **3.** La CCI propose *un stage sur le management qui est excellent et que je te recommande.* – **4.** J'ai reçu *une offre de formation qui est très intéressante et qu'on ne peut pas refuser.* – **5.** Pauline *conduit une voiture de fonction qu'elle peut utiliser pendant le week-end.*

④ *Propositions :*
1. La formation que *je suis en ce moment est très intéressante.* – **2.** Le formateur qui *assure la formation est très compétent.* – **3.** J'ai un patron que *tout le monde apprécie.* – **4.** Dites-moi ce que *vous pensez de notre nouveau produit.* – **5.** Je me demande ce qui *s'est passé pendant la dernière réunion.*

26. Les relatifs. Exercices p. 155

① Sidjet est une entreprise *dont* les affaires sont prospères. En 2012, l'année *où* Floriane Martin a succédé à son père, la société possédait deux avions. Aujourd'hui, il y a dix avions, *dont* un avion de huit places. Nombreux sont les pays *où* l'on voit voler des avions Sidjet. En janvier, deux nouvelles personnes, *dont* un pilote, ont été recrutées.

① **2.** C'est une entreprise de transport où on travaille beaucoup. – **3.** C'est une entreprise prospère dont le chiffre d'affaires dépasse le million d'euros. – **4.** Floriane Martin a pris la tête de l'entreprise le jour où son père a pris sa retraite. – **5.** Jean-Luc était un homme d'affaires dont Floriane s'inspire beaucoup. – **6.** Floriane a gardé l'avion de son père, qui est un avion de collection et dont on ne se sert plus.

③ **1.** Je me demande bien *ce dont* ils ont parlé pendant leur rencontre. – **2.** Dites-moi franchement *ce dont* vous manquez ou *ce dont* vous avez envie. – **3.** La filiale marocaine de Sidjet, *dont* Karim est responsable, est très rentable. – **4.** Floriane Martin : « Nous vendons à nos clients *ce dont* ils ont besoin. » – **5.** Floriane est revenue hier d'un voyage d'affaires *dont* elle semble très satisfaite.

4 *Propositions :*
1. C'est une entreprise étonnante, où *tout le monde travaille dans la bonne humeur.* – **2.** Le 21 juillet 1969 : c'est la date *où l'homme a mis le pied sur la lune.* – **3.** Tu vois cette femme là-bas ? C'est la collègue dont *je t'ai parlé hier.* – **4.** Il parle plusieurs langues, dont *le français et le russe.* – **5.** Sois raisonnable, achète seulement ce dont *tu as réellement besoin.*

26. Les relatifs. Exercices p. 157

1 1d – 2a – 3e – 4c – 5b.

2 **a.** *auquel, à laquelle, auxquels :* **1.** Il y a une question *à laquelle* vous n'avez pas répondu : ça coûte combien ? – **2.** C'est un problème *auquel* nous n'avons pas pensé. – **3.** Quels sont les sujets *auxquels* vous vous intéressez ?
b. *dont* ou *duquel :* **4.** Relox ? C'est l'imprimante *dont* je me sers tous les jours au bureau. – **5.** J'ai fait un stage au cours *duquel* j'ai appris des tas de choses. – **6.** Désolé, c'est un prix au-dessous *duquel* on ne peut pas descendre.

3 **2.** Voilà le rapport *dans lequel tu trouveras des infos.* – **3.** C'est le bar *au-dessus duquel se trouve mon bureau.* – **4.** Nous avons deux offres *entre lesquelles il faut choisir.* – **5.** C'est l'imprimante *grâce à laquelle on gagne du temps.*

4 *Propositions :*
1. J'ai perdu l'agenda dans *lequel je note tous mes rendez-vous.* – **2.** Voilà l'adresse à *laquelle vous pouvez envoyer les documents.* – **3.** Je te présente le collègue avec *lequel je m'entends particulièrement bien.* – **4.** J'apprécie le professionnalisme avec *lequel vous traitez vos clients.* – **5.** La situation dans *laquelle je me trouve est délicate.* – **6.** J'ai reçu un mail auquel *je dois répondre immédiatement.* – **7.** Ce sont des avantages auxquels *je n'avais pas pensé.* – **8.** Le poste au sujet duquel *il parle est très intéressant.* – **9.** Je ne connais pas la femme à côté de *laquelle monsieur Bernardin est assis.*

27. Participe présent et gérondif. Exercices p. 159

1 **2.** C'est *en enseignant* qu'on devient enseignant. – **3.** C'est en vendant qu'on devient vendeur. - **4.** C'est *en jardinant* qu'on devient jardinier. –

5. C'est *en peignant* qu'on devient peintre. – **6.** C'est *en traduisant* qu'on devient traducteur.

② Nous recherchons : **2.** un développeur web *ayant* une solide expérience en programmation PHP. – **3.** une comédienne *sachant* danser et chanter. – **4.** des commerciaux motivés *voulant* évoluer dans leur métier.

③ 1c – 2b – 3d – 4a.

④ 1c – 2a – 3d – 5b.

⑤ *Propositions :*
2. J'ai taché ma chemise *en buvant mon café.* – **3.** Merci de confirmer votre présence *en répondant à ce mail.* – **4.** On éviterait les embouteillages *en partant plus tôt.* – **5.** Ce matin, Pauline est arrivée au bureau *en pleurnichant.* – **6.** Vous pouvez acheter votre voiture *en payant à crédit.* – **7.** Je fais des progrès en français *en faisant des exercices de grammaire.*

BILAN n° 9. Exercices p. 160

① *Transcription :*
1. Quel est le pays qui a le PIB le plus important ? – *Les États-Unis.* – **2.** Comment s'appelle le marché *où* se négocient les actions ? – *Le marché boursier* – **3.** Quelle est la marque automobile *dont* le prestige dans le monde est le plus grand ? – *Toyota* – **4.** Quel est le groupe *qui* est propriétaire des marques Dior, Givenchy, Louis Vuitton ? – *LVMH* – **5.** Quel est le pays avec *lequel* la France a le plus de relations commerciales ? – *L'Allemagne* – **6.** Comment s'appelle le document comptable *qui* décrit le patrimoine de l'entreprise ? – *Le bilan.* Bravo, vous avez gagné !

② **1.** *C'est un collègue avec qui* je travaille souvent – *sur qui* je peux compter – *qui* connaît bien son travail – *dont* la femme est journaliste.
2. *C'est un livre qui* concerne la gestion de projet – *que* Paul m'a conseillé de le lire – *dont* je t'ai déjà parlé - *que* j'ai lu le mois dernier – *avec lequel* on apprend beaucoup *dont* certains chapitres sont passionnants.
3. *C'est une offre d'emploi dont* Julien vient de me parler – *qui* m'intéresse beaucoup – *à laquelle* je vais postuler.

BILAN n° 9. Exercices p. 161

③ 1c – 2d – 3g – 4e – 5f – 6a – 7b.

④ **2.** C'est le candidat *qui* avait le plus d'expérience *qui* a obtenu le poste. – **3.** Vous ne saurez jamais ce *dont* vous êtes capable si vous n'essayez pas. – **4.** J'ai assisté à une réunion à la fin de *laquelle* je me suis endormi. – **5.** En trois mois, huit personnes ont quitté la société, *dont* trois ingénieurs. – **6.** Le client *qui* a appelé ce matin vous attend à l'accueil. – **7.** Les entreprises pour *lesquelles* nous travaillons sont toutes satisfaites de nos services. – **8.** Le prix *qu'*il propose est plutôt avantageux. – **9.** Les outils avec *lesquels* il travaille sont dangereux. – **10.** Il est fini le temps *où* on pouvait garder le même métier toute sa vie. – **11.** Voilà la salle dans *laquelle* aura lieu la conférence. – **12.** J'ai un collègue *qui* travaille ici depuis 20 ans et *qui* n'a jamais été absent. – **13.** Tout client peut nous retourner un article *dont* il n'est pas satisfait.

5. **2.** Les ouvriers doivent pointer *en arrivant* à l'usine et *en sortant*. – **3.** Mon chef s'est cassé la jambe *en faisant* du ski. – **4.** Il téléphone *en conduisant*, je trouve ça assez dangereux. – **5.** *En réfléchissant* un peu ensemble, on trouvera bien une solution. – **6.** On peut augmenter la productivité *en investissant* dans les nouvelles technologies. – **7.** Calme-toi, tu n'arriveras à rien *en t'énervant*. – **8.** Tu es trop distrait, tu iras plus vite *en te concentrant* sur ton travail.

28. Le subjonctif. Exercices p. 163

1. **2.** Je crains que ce *soit une décision difficile*. – **3.** Il faut qu'elle *choisisse entre les produits A et B*. – **4.** Ce n'est pas étonnant qu'elle *ait du mal à décider*. – **5.** C'est important qu'elle *réfléchisse longuement*. – **6.** Le vendeur regrette qu'elle *n'ait rien acheté*. – **7.** Je doute fort qu'elle *revienne*.

2. **1.** J'espère qu'elle <u>prendra</u> la bonne décision : *indicatif*. – **2.** Je ne suis pas sûr qu'elle <u>connaisse</u> bien son sujet : *subjonctif* – **3.** C'est dommage qu'il <u>faille</u> abandonner le projet : *subjonctif* – **4.** Monsieur Bertin voudrait que nous <u>assistions</u> à la réunion : *subjonctif* – **5.** Il dit que nous <u>réfléchissons</u> mieux à plusieurs que tout seul : *indicatif* – **6.** J'ai bien peur qu'ils <u>refusent</u> notre offre : *subjonctif*.

3. **1.** Ils sont surpris que tu *aies* accepté leur offre. – **2.** Je trouve bizarre qu'ils ne nous *aient* pas invités. – **3.** Dommage qu'on se *soit* trompé et qu'on *ait* fait le mauvais choix. – **4.** Je regrette que vous ne nous *ayez* pas demandé notre avis. – **5.** Ça m'étonne qu'il *soit* parti, qu'il *ait* démissionné. – **6.** Ça m'ennuie beaucoup que Jonathan *ait* oublié la réunion d'hier.

4. *Propositions :*
1. Désolé, j'ai une autre réunion à 16 h, il faut que je *parte.* – **2.** Tu étais où hier ? C'est dommage que tu *ne sois pas venue.* – **3.** Je ne comprends pas ce qui se passe, je voudrais que vous *m'expliquiez.* – **4.** Voilà son

rapport sur l'absentéisme, j'aimerais bien que vous *le lisiez*. – **5.** Il a créé son entreprise, mais à mon avis il y a peu de chances qu'il *réussisse*. – **6.** Vous avez l'air fatigué, il vaudrait mieux que vous *vous reposiez*. – **7.** Madame Bernardin a téléphoné, elle demande que vous *la rappeliez*.

28. Le subjonctif. Exercices p. 165

① *Transcription :*
A : Il faudrait que nous *terminions* ce projet avant la fin de la semaine. – B : Ça m'étonnerait qu'on *finisse* dans les délais, surtout sans Max. – A : Je pense qu'on y *arrivera*. Il suffit qu'on se *mette* au travail tout de suite. Pour commencer, ce serait bien qu'on *fasse* le planning et qu'on se *répartisse* les tâches.

② **1.** Il dit qu'il y *a* un problème, qu'il est important qu'il *voie* le directeur. – **2.** Il est clair que l'entreprise *est* en difficulté, il se peut qu'elle *fasse* faillite. – **3.** Je trouve que nous *manquons* de personnel, il faudrait que nous *embauchions* un vendeur. – **4.** Je pense que vous *travaillez* trop, il est temps que vous *preniez* des vacances.

③ *Propositions :*
1. Hier elle m'a dit qu'elle était d'accord, mais il est fort possible qu'elle *change d'avis.* – **2.** Elle pense que Max dit la vérité, mais je suis sûr qu'il *ment.* – **3.** Max dit qu'il est souffrant, mais je ne suis pas sûr qu'*il dise la vérité.* – **4.** Ça fait trois jours que vous réfléchissez, il serait temps que *vous vous décidiez.* – **5.** Quand tu verras le directeur, il faudrait que *tu lui demandes une augmentation.* – **6.** Je t'ai envoyé un mail hier, je suppose *que tu l'as reçu.* – **7.** Il a postulé, mais à mon avis il y a peu de chance *qu'il obtienne le poste.*

④ *Propositions :*
1. l'un(e) de vos collègues : Je suis sûr *que Caroline est amoureuse de Jonathan.* – **2.** un(e) autre collègue : Je trouve bizarre *que Florian ne soit pas venu à la réunion.* – **3.** votre supérieur hiérarchique : Je ne crois pas *que mon chef soit un bon manager.* – **4.** votre espace de travail : Il faudrait *que mon bureau soit plus grand et moins bruyant.* – **5.** l'ambiance de travail : Je ne crois pas *que les plantes vertes améliorent l'ambiance de travail du bureau.* – **6.** la nature de votre travail : Je pense *qu'on me donne trop de tâches administratives.* – **7.** le niveau de votre salaire : Ce serait bien *que je reçoive une augmentation.* – **8.** le salaire de votre patron : Je suppose *qu'il reçoit un salaire très élevé.* – **9.** la situation économique : Ça m'étonnerait *que la conjoncture économique s'améliore rapidement.*

28. Le subjonctif. Exercices p. 167

① *Proposition :*
« J'aimerais que le directeur ne soit pas un tyran, qu'il parle normalement, qu'il ne rugisse pas. Je préférerais qu'il ne se mette pas en colère pour rien. J'aimerais qu'on n'ait pas peur de lui, que nous osions lui parler, qu'il réponde à nos questions. Je voudrais qu'il ait confiance en nous. Je préférerais qu'il ne veuille pas tout faire, qu'il sache déléguer, qu'il ne prenne pas ses décisions tout seul, qu'il reconnaisse ses erreurs. Je voudrais qu'il fasse ce qu'il dit et qu'il dise ce qu'il fait. »

② **1.** Votre patron vous a convoqué à son bureau. Vous avez peur *d'y aller*. – **2.** Vous l'attendez une heure. Vous êtes désolé *qu'il arrive en retard*. – **3.** Il vous propose un nouveau poste. Vous avez envie *d'accepter*. – **4.** Vous lui demandez une augmentation. Vous regrettez *qu'il refuse*. – **5.** Votre chef a démissionné. Vous êtes content *qu'il parte*.

③ **3.** Je suis très ennuyé d'avoir perdu le dossier Cerise. – **4.** Jean-Paul est content d'avoir eu une augmentation. – **5.** C'est regrettable que la réunion ait encore été reportée. – **6.** Elle préfère que tu ne l'attendes pas.

④ *Propositions :*
1. Il n'est pas très fiable. *Je crains* qu'il ne te rende pas ton argent. – **2.** Elle est toujours à l'heure. *Ça m'étonne* qu'elle ne soit pas encore arrivée. – **3.** *Je regrette* de ne pas pouvoir aller vous chercher. – **4.** *J'aimerais bien* que la date convienne à tout le monde. – **5.** *C'est dommage* que madame Dumont n'ait pas pu participer à la négociation. – **6.** *Ça m'arrangerait* que vous me laissiez travailler.

28. Le subjonctif. Exercices p. 169

① **1.** DÉLAI DE RÉTRACTATION. Vous pouvez retourner la marchandise dans un délai de sept jours à compter de la livraison *à condition de* la renvoyer dans son emballage d'origine et *à condition que* cette marchandise soit en parfait état. – **2.** TRANSFERT DE PROPRIÉTÉ. Le produit reste notre propriété *jusqu'à ce que* vous ayez réglé l'intégralité de la facture. – **3.** PAIEMENT. *Bien que* nous utilisions un logiciel de sécurité crypté, nous ne pouvons pas garantir la sécurité des paiements par Internet. – **4.** LIVRAISON. Vous devez vérifier que le produit livré est bien conforme à votre commande *avant de* signer le bon de réception.

② **2.** Vous devez fournir des informations obligatoires pour que nous puissions traiter votre commande. – **3.** Vous pouvez vous connecter sur votre compte Client pour suivre votre commande. – **4.** Le livreur vous contactera pour que vous conveniez d'un rendez-vous de livraison avec lui.

(3) *Propositions :*
1. Nous gardons la marchandise en attendant que *vous puissiez l'enlever.* – **2.** Vérifiez bien la facture avant de *payer.* – **3.** Nous faisons notre possible pour que *nos clients soient satisfaits.* – **4.** Vous devez présenter la facture pour *que nous puissions vous payer.* – **5.** Nous vous accordons une réduction de 5 % à condition que *vous passiez commande immédiatement.* – **6.** Monsieur Dulac reste au magasin jusqu'à ce que *son patron revienne.* – **7.** Nous prendrons le train, à moins que *l'avion soit plus économique.* – **8.** Nous n'avons pas encore reçu la marchandise, bien que *nous ayons passé commande il y a un mois.*

29. Savoir-faire. Exercices p. 171

(1) **2.** Ne parlons pas tous à la fois : *Mettre de l'ordre* – **3.** De mon point de vue… : *Exprimer son point de vue* – **4.** Vous n'avez pas tort : *Exprimer son accord* – **5.** Il n'a jamais été question de… : *Exprimer son désaccord.*

(2) 1d – 2a – 3b – 4f – 5c – 6e.

(3) *Transcription :*
ALICE : Le premier point à *l'ordre* du *jour* porte sur la vidéosurveillance. Nous avons trois devis. De mon *point* de *vue,* les trois se valent. Basil, qu'*en* pensez-vous ?
BASILE : Je *suis* de votre *avis,* il n'y a pratiquement aucune différence.
PAUL : Je ne *suis* pas *d'accord.* Je *pense* que l'offre de l'entreprise Koy est la plus intéressante. Leurs caméras utilisent le format MG6, et c'est…
BASILE : Écoutez, pour les détails techniques, je…
PAUL : Vous *permettez* que je *termine.* Pour *moi,* le format MG6 est très efficace.
BASILE : Qu'est-ce que vous *entendez* par « efficace » ?
CLARA : Je *peux* dire *quelque chose* ?
ALICE : Oui, bien sûr.
CLARA : *À* mon sens, ça ne sert à rien de parler technique. Paul est le seul qui y connaisse quelque chose.
ALICE : C'est vrai, Clara n'a pas *tort.*

(4) *Proposition :*
A : Grâce à la visioconférence, nous pouvons organiser des entretiens à distance. Je pense que c'est une excellente idée. Qu'est-ce que vous en pensez ?
B : Je ne suis pas de votre avis. Le contact physique est important.

A : Qu'est-ce que vous voulez dire ?

B : Je veux dire qu'il faut rencontrer les candidats en chair et en os.

A : La visioconférence permet de dialoguer en se voyant.

B : Oui, mais ce n'est pas suffisant. Ce n'est pas la même chose de voir quelqu'un sur...

A : C'est pareil, on...

B : Vous permettez que je termine. Je disais que ce n'est pas la même chose de voir quelqu'un sur un écran. De plus, il faudra investir dans un matériel coûteux.

A : À terme, ce sera un investissement rentable, les candidats n'auront plus besoin de se déplacer, tout le monde gagnera du temps et de l'argent.

B : Je ne suis pas convaincu, la technologie n'est pas fiable, il y a souvent des problèmes techniques.

A : Quels problèmes techniques ? Pouvez-vous donner un exemple ?

B : Je ne suis pas un spécialiste de la question, c'est ce que j'ai entendu dire.

A : Pour moi, cette technologie est parfaitement au point.

29. Savoir-faire. Exercices p. 173

1 *Transcription :*
1. Vanessa gagne 100 000 euros par an. – C'est pas vrai ! – **2.** Mon taxi pour l'aéroport vient d'arriver. – Bon voyage ! – **3.** Demain j'ai un entretien d'embauche. – Bonne chance ! – **4.** Je me marie à la fin de l'année. – Félicitations ! – **5.** Paul est malade, il ne peut pas venir. – Mince alors !
Réponses : 1c – 2e – 3d – 4b – 5a.

2 *Transcription :*
1. Ça n'a pas l'air très pratique. – Ah bon ? Pas pratique ? – **2.** J'ai un budget très serré. – Quel prix voulez-vous mettre ? – **3.** Je veux réfléchir. – Qu'est-ce qui vous fait hésiter ? – **4.** J'en aurais besoin rapidement. – Je comprends, quand voulez-vous être livré ? – **5.** Il n'y a pas de régulateur de vitesse. – Vous cherchez un modèle plus high-tech ?
Réponses : 1e – 2c – 3b – 4a – 5d.

3 1c – 2a.

4 *Propositions :*
2. Si je comprends bien, tu penses que le PK9 est un bon produit et tu as du mal à comprendre pourquoi il ne se vend pas mieux. – **3.** Si je comprends bien, tu dors aux réunions du lundi parce que tu trouves qu'elles sont inutiles. – **4.** Si je comprends bien, tu penses que cet exercice est plutôt mauvais.

29. Savoir-faire. Exercices p. 175

1 Bonjour, vous êtes sur la boîte vocale de Julie Beck. – Je suis absent pour le moment, mais vous pouvez joindre mon assistante au 76 76. – Merci de nous laisser un message, nous vous rappellerons dès que possible. – Pour continuer, veuillez appuyer sur la touche étoile de votre téléphone.

2 *Transcription :*
1. Son *poste* est occupé, voulez-vous *patienter* un instant ? – **2.** Je *rappellerai* plus tard. Savez-vous à quel moment je peux le *joindre* ? – **3.** Un *instant*, s'il vous plaît, je vous *passe* son assistante. – **4.** Excusez-moi, je me suis *trompé de* numéro. – **5.** Vous avez *fait* le *mauvais* numéro, vous *êtes* chez un particulier. – **6.** Une fois l'enregistrement terminé, vous pouvez *raccrocher*. – **7.** Madame Bic est en *réunion* jusqu'à midi, voulez-vous *laisser* un *message* ? – **8.** Pouvez-vous lui demander de me *rappeler*, elle a mon *numéro*. – **9.** J'ai du mal à vous *entendre*, la ligne est très *mauvaise*.

29. Savoir-faire. Exercices p. 177

1 *Proposition :*
1. Yanis Mercier commence par se référer à *sa rencontre avec Mariane Lemaire en octobre dernier au Salon de l'Innovation de Genève.* – **2.** Il rappelle à sa correspondante qu'*elle était intéressée par les objets connectés de sa société.* – **3.** Il l'informe qu'*il sera à Paris du 15 au 20 février.* – **4.** Il souhaiterait *la rencontrer afin de lui présenter leurs derniers produits.* – **5.** Il lui demande si *elle a quelques disponibilités.*

2 1b – 2a – 3d – 4 e – 5c.

3 *Proposition :*
Bonjour Mathieu, *Je fais suite* à notre réunion d'hier sur la soirée du 18 décembre. *Je t'envoie* ci-joint le projet de menu pour le déjeuner. *Merci* de me faire part de tes remarques avant le 15 novembre. *Pourrais-tu* t'occuper de la musique ? *Merci par* avance. *Cordialement,* Julie.

4 *Proposition :*
Bonjour Floriane,
J'ai le plaisir de vous informer que les Mexicains ont répondu favorablement à notre offre pour le PK12. Pourriez-vous vous rendre à Monterrey début mars pour finaliser l'opération ? Quelles sont vos disponibilités ?
Excusez-moi pour la réunion de lundi. J'avais un mal de tête épouvantable et j'ai préféré rentrer chez moi. Mathieu Binon m'en a fait le compte rendu.
Bien cordialement,
Gabriel

29. Savoir-faire. Exercices p. 179

(1) premièrement : *d'abord* – c'est-à-dire : *soit* – aussi : *également* – ensuite : *puis* – cependant : *toutefois* – par contre : *en revanche* – en effet : *car* – en réalité : *en fait* – en particulier : *notamment* – en conséquence : *donc* – et même : *voire* – en conclusion : *en définitive*.

(2) Selon une étude de l'Institut du travail, un employé passe 650 heures par an, *soit* 13 heures par semaine, sur sa boîte mail. Au travail, échanger des mails et gérer sa messagerie est *donc* une activité importante. Durant ces dernières années, le trafic de mails a *en effet* considérablement augmenté : pas moins de 6 000 messages reçus par personne et par an. *En outre,* le temps pour avoir une réponse à un mail a *également* augmenté. Il est en moyenne de 2,5 jours. **Bref,** il sera bientôt plus simple d'envoyer des lettres par la poste.

(3) *Propositions :*
1. J'ai divisé ma présentation en trois parties. Tout d'abord, *je vous présenterai rapidement l'entreprise.* Ensuite, *je vous présenterai nos différents produits.* Pour terminer, *je vous parlerai du test de lancement de notre nouvelle barre de chocolat, le Zocolata.*
2. Dans cette entreprise, *les conditions de travail sont excellentes.* Par exemple, *les salariés bénéficient d'un système de transport efficace.*
3. J'avais posé un certain nombre de conditions pour que nous participions au projet ABT. Or *aucune de ces conditions n'est remplie.* En conséquence *j'ai décidé d'abandonner le projet.*
4. Notre croissance est très forte en Asie, notamment *en Chine.*
5. Nicolas m'a dit qu'il avait terminé son rapport. En fait *il n'a même pas commencé.* Autrement dit *il n'y a pas de rapport.*
6. Pour la réunion de jeudi, je vous propose soit 10 heures *soit 11 heures.*

29. Savoir-faire. Exercices p. 181

(1) **2.** En France le secteur du tourisme *représente* près de 7 % du PIB. – **3.** Le chiffre d'affaires de Total *atteint* le chiffre record de 190 milliards d'euros. – **4.** Le bénéfice net *s'élève* à 12 milliards d'euros. – **5.** Il *est* en hausse de 10 % par rapport à l'année passée. – **6.** À lui seul Mark Zuckerberg *détient* près de 30 % de Facebook.

(2) *Propositions :*
a. 3. Au troisième trimestre *il est resté quasiment stable par rapport au deuxième trimestre.* – **4.** Au quatrième trimestre, *il a doublé par rapport au premier trimestre.* – **5.** Par rapport au premier trimestre, le bénéfice du quatrième trimestre *a doublé.*

b. **1.** Le produit A représente *un dixième du chiffre d'affaires*. – **2.** D représente *les trois quarts des ventes*. – **3.** Le produit B occupe *la dernière place*. – **4.** Les ventes de C dépassent très *légèrement celles de B*.

3. *Propositions :*
1. La population de la France s'élève à 66 millions d'habitants. – **2.** La population augmente constamment. – **3.** 25 % de la population a moins de 20 ans. – **4.** La population de la France représente 0,1 % de la population mondiale.

BILAN n° 10. Exercices p. 182

1 *Votre travail :*
Il faut que vous *promouviez* les biens en vente dans notre cabinet, que vous *recherchiez* de nouveaux biens, que vous *trouviez* de nouveaux acquéreurs.
Votre profil :
Il faut que vous *justifiiez* d'une expérience professionnelle d'au moins trois ans, que vous *sachiez* gérer votre temps, que vous *fassiez* preuve d'ouverture d'esprit, que vous *disposiez* d'un bon sens commercial, que vous *ayez* une réelle capacité à argumenter et à convaincre, que vous *appréciiez* le travail en équipe, que vous *puissiez* vous adapter à des environnements variés.
Il faut que vous nous *envoyiez* votre candidature via le bouton « POSTULER À L'OFFRE ».

2 **2.** Je n'en reviens pas qu'il *ait* été promu directeur. – **3.** Je suis très heureux *d'avoir* obtenu une promotion. – **4.** Je te prête 50 € à condition *que tu me rembourses* demain. – **5.** Je suis sûr qu'il ne *tiendra* pas longtemps à ce rythme de travail. – **6.** Il aimerait *trouver* un poste plus intéressant et mieux payé. – **7.** Ça m'étonnerait qu'ils *puissent* respecter les délais. – **8.** Vous devez accepter les CGV *avant de valider*. – **9.** C'est dommage qu'il *n'ait* pas accepté notre proposition. – **10.** Ils doivent encore travailler *pour être* au niveau.

BILAN n° 10. Exercices p. 183

3 *Propositions :*
1. Elle m'a promis qu'elle viendrait, mais ça m'étonnerait qu'elle *vienne*. –
2. Elle aime les espaces ouverts, ça m'étonnerait que ce bureau lui *plaise.* –
3. Désolé, j'ai un rendez-vous dans une heure, il faut que j'y *aille*. – **4.** Tu as fait bon voyage ? Je suis content que tu *sois* de retour. – **5.** Il veut

démissionner, mais je pense qu'il **ne trouvera** pas un travail si bien payé. – **6.** Je ne sortirai pas d'ici avant **d'avoir réglé** ce problème. – **7.** Excusez-moi, je suis désolé **d'arriver** en retard, il y avait des embouteillages. – **8.** Je crois que toutes les entreprises **devraient** respecter l'environnement. – **9.** J'ai voté en faveur de ce projet bien que je **ne sois pas d'accord avec** certains points. – **10.** Pouvez-vous rester ici jusqu'à ce que **je revienne** ?

4 **1.** Trop de jeunes ingénieurs ne savent plus ou ne veulent plus rédiger convenablement. L'ingénieur est un spécialiste avant d'être un homme de communication.

2. De son point de vue, écrire est une corvée, quelque chose « en plus ». Il pense que son vrai métier consiste à étudier, à chercher, à produire. Il ne voit pas l'intérêt d'écrire correctement.

3 En conséquence nos ingénieurs, nos cadres en général, n'écrivent plus, ils gribouillent des bouts de phrases laconiques : « M'en parler », « Faire projet » Ni date, ni signature. Qui s'adresse à qui ? Pourquoi ? Comment ? On ne sait pas.

4. Ces messages sont incompréhensibles. Pour la moindre affaire, il faut mener une recherche, interroger les gens et on perd ainsi beaucoup de temps. Ce laisser-aller, j'en ai peur, est désastreux pour le fonctionnement de l'entreprise.

5 *Propositions :*
1. L'auteur de cette déclaration regrette que **trop de jeunes ingénieurs ne sachent plus ou ne veuillent plus rédiger convenablement.** – **2.** L'ingénieur considère qu'il **est un spécialiste avant d'être un homme de communication.** Pour lui, **écrire est une corvée, quelque chose « en plus ».** – **3.** L'auteur craint que **ce laisser-aller soit désastreux pour le fonctionnement de l'entreprise.** – **4.** Personnellement, je trouve que **l'auteur a raison.** À mon avis, il faudrait que **ces jeunes ingénieurs prennent conscience de l'importance de la communication écrite.**

TEST D'ÉVALUATION p. 184 et 185

1. Nous vous rap**pelons** qu'il est interdit de fumer dans l'établissement. C**ette** interdiction s'applique par**tout,** y compris dans le parking. C'est **une** règle stricte, qui doit **être** respectée de tous.

2. Allô ! Madame Babin ? Je regrette, mais monsieur Bic **vient** de sortir. V**oulez**-vous laisser **un** message ? [ ] Oui, bien sûr. Est-ce que monsieur Babin a **votre** numéro ? [ ] Entendu, vous **pouvez** compter sur moi.

3. Bienvenue **chez** Dorex, le professionnel de la cuisine. Rest**ez** en ligne, nous **allons** prendre votre appel dans q*uelques* instants. Dorex, c'est 50 ans **d'**expérience dans le matériel de cuisine… Bip bip bip…

4. Salut Karim, je **t'**envoie ci-joint le rapport sur le F14. Dis-moi **ce** que tu en penses. J'aimerais avoir **ton** avis avant de **le** transmettre à Perrin. **Peux-**tu m'envoyer la fiche technique du F12 ?

5. Bonjour Floriane, je pars demain pour **le** Maroc **pour** une semaine. Je **suis** donc obligé d'annuler notre RV de jeudi. Je **te** contacterai à mon retour. Excuse-**moi** pour ce contretemps.

6. Mesdames, messieurs, je **vous** demande **un** moment d'attention. Comme vous le sa**vez,** nous avons ouv**ert** notre nouvelle usine à gaz **en** juin. Cette réussite…

7. La corruption **est** devenue un problème dans t**ous** les pays. Beaucoup pensent qu'il n'y a **rien** à faire. Ce n'est pas vrai. **Il** existe des moyens de lutter efficac**ement.**

8. Il est souvent possible **de** travailler à domicile. **La** technologie permet de rester à la maison en é**tant** relié au bureau par t**outes** sortes de moyens de télécommunication. C'est ce **qu'**on appelle le télétravail.

9. J'**ai** acheté un billet pour le vol AZ654 de Paris à Madrid du 12 avril. **Le** 12 avril, je me **suis** présenté à l'enregistrement, mais **je** n'ai pas pu embarquer parce que le vol **était** complet.

10. Bonjour Arthur, j'espère que tu **te** souviens de moi. Nous nous **sommes** rencontrés **chez** Paul Van de Mole **il y a** un an. Je serai à Montréal du 15 au 19 février et si tu as le temps, je **serais** heureuse de **te** revoir.

11. Allô, la réception ? [ ] Nous sommes **dans** la salle de réunion et il manque des chaises. [ ] Combien ? Il nous **en** faudrait deux. […] Je voudrais aussi savoir **comment** fonctionne la climatisation. […] Ah bon ! Il n'y a pas **de** climatisation. **C'est** très embêtant !

12. Un début d'incendie s'**est** déclaré hier dans notre entrepôt de Senlis. Les ouvriers **étaient** en train de quitter **leur** poste. Un contremaître a aperçu de la fumée **qui** sortait de l'entrepôt et a réussi à éteindre **les** flammes.

13. La société FIRMA a **été** créée en 2014. S**on** capital s'élève à 37 000 euros. **Il** est divisé en 1 000 actions de 37 euros ch**acune.** La société est gérée **par** madame Colette MOULIN.

14. À partir **du** 1er septembre, la vente de tickets restaurant a**ura** lieu le lundi **de** 11 heures **à** 12 heures **au** secrétariat du personnel.

15. Hier, **en** arrivant au bureau, j'ai remarqué **que** les ordinateurs a**vaient** disparu. J'ai fait **une** déclaration de vol, d**ont** vous trouverez ci-joint la copie.

16. Emma n'a pas assez travaillé. Si elle a*vait* travaillé plus, elle a*urait* réussi. Je *la* trouve un peu paress*euse.* Qu'est-ce que tu *en* penses ?

17. *Ça* fait 10 ans *que* je travaille chez Semco et je m'*y* sens plutôt heureux. Tout le monde s'entend b*ien.* J'ai un bureau immense pour m*oi* tout seul.

18. Je regrette *que* Catherine ne vien*ne* pas à la réunion. Paul va parler du MX, c'est un sujet qui intéresse *tout* le monde. Est-ce qu'elle vous *a* dit pour *quelle* raison elle ne pouvait pas venir ?

19. Monsieur Bertin a appelé. Il voudrait que la réunion de demain *soit* reportée à jeudi. Je *lui* ai dit que vous *le* rappelleriez. D'autre part, Colette aimer*ait* vous voir avant que vous ne part*iez.*

20. Généralement, les femmes sont *moins* bien payées *que* les hommes. P*our* réussir professionnellement, elles doivent être m*eilleures* que les hommes. Vous trouvez *ça* normal, vous ?

FSC
www.fsc.org
MIXTE
Papier issu
de sources
responsables
FSC® C022030

Imprimé en France en mai 2015 par Clerc
N° d'éditeur : 10216157
N° dépôt légal : aôut 2014